État d'urgence technologique

DU MÊME AUTEUR

Comprendre WikiLeaks, Max Milo, 2011.

Avec Guillaume Ledit, *Dans la tête de Julian Assange*, Actes Sud, 2020.

À la trace. Enquête sur les nouveaux territoires de la surveillance, Premier Parallèle, 2020.

978-2-85061-051-6
© Premier Parallèle, 2021
Tous droits réservés

www.premierparallele.fr

Olivier Tesquet

État d'urgence technologique

Comment l'économie de la surveillance
tire parti de la pandémie

premier parallèle

*« Technology is the answer,
but what was the question ? »*

Cecil Price

Introduction :
La santé, première des libertés ?

Lundi 16 mars 2020 : depuis l'Élysée, en direct à la télévision et sur Internet, Emmanuel Macron annonce le confinement et la fermeture des frontières. En vingt et une minutes et vingt-cinq secondes, le pays est mis à l'arrêt. « À partir de demain midi », les corps seront immobilisés dans le temps et dans l'espace. L'épidémie « est devenue une réalité immédiate, pressante », qui justifie des mesures nécessairement exceptionnelles. « Nous sommes en guerre », répète six fois le chef de l'État, d'une voix grave et solennelle. Pas contre le terrorisme – en 2015, après les attentats parisiens, Manuel Valls utilisait le même vocabulaire belliciste[1] –, mais contre le

---

1. Devant l'Assemblée nationale, le 13 janvier 2015, Manuel Valls déclarait : « Oui, la France est en guerre contre le terrorisme, le djihadisme et l'islamisme radical. »

ÉTAT D'URGENCE TECHNOLOGIQUE

Covid-19, un « ennemi invisible » à combattre avec des armes qui le sont tout autant. Dans la foulée, en format restreint, le Parlement adopte un projet de loi qui déclare « l'état d'urgence sanitaire » et suspend le droit du travail autant que la liberté d'aller et venir. « Il ne s'agit pas d'autoriser des perquisitions ou des assignations à résidence », explique le Premier ministre Édouard Philippe au Sénat, faisant allusion à l'état d'urgence, le vrai, l'original, celui de la France post-Charlie, prorogé six fois en deux ans avant d'être coulé dans le marbre du droit commun[2].

D'un état d'urgence à l'autre, d'une guerre à l'autre, chacune de ces crises mobilise un arsenal – rhétorique d'abord, législatif, administratif et technologique ensuite – et un champ de bataille – l'espace public. De fait, dans les semaines qui suivent l'allocution présidentielle, le quotidien n'est plus tout à fait celui d'un temps de paix, entre courbes spasmodiques, décomptes macabres et attestations de déplacement dérogatoire, à imprimer, télécharger ou recopier sur papier libre. Le ministère de l'Intérieur, qui n'a jamais aussi bien porté son nom, régit l'organisation de nos vies domestiques, chargeant ses agents de faire respecter l'ordre sanitaire. À Paris et Nice, des drones

---

2. Par la loi renforçant la sécurité intérieure et la lutte contre le terrorisme, promulguée le 30 octobre 2017.

La santé, première des libertés ?

hurleurs patrouillent le ciel pour faire observer les nouvelles règles ; à Marseille, des avions ; à Nantes, des hélicoptères. Pour envisager la métaphore guerrière du pouvoir exécutif, il faut s'obliger à y voir plus qu'une rodomontade, de celles que l'on lance pour se donner de l'épaisseur face à l'adversité. « La guerre est le plus puissant de tous les facteurs de transformation », écrivait George Orwell en évoquant son engagement auprès des républicains espagnols en 1936[3]. « Elle accélère tous les processus, elle efface les différences secondaires, elle est révélatrice de la réalité. Et en premier lieu, elle amène les individus à prendre conscience qu'ils ne sont pas entièrement des individus. » Puisque nous sommes en guerre, ce serait donc ça, le confinement : nous ne serions plus entièrement des individus.

Depuis quarante ans, les gouvernements successifs, qu'ils soient de droite ou de gauche, nous ont répété *ad nauseam* que « la sécurité [était] la première des libertés ». D'Alain Peyrefitte[4] à François Hollande

---

3. George Orwell, *My Country Right or Left. 1940-1943, Collected Essays, vol. 2*, Penguin.
4. Le garde des Sceaux du gouvernement Barre est le premier à avoir popularisé l'expression en 1980, lors des débats parlementaires autour de la loi « Sécurité et liberté ». Il avait toutefois ajouté : « La sécurité sans la liberté, c'est l'oppression ; la liberté sans la sécurité, c'est la jungle ! »

en passant par Jean-Marie Le Pen (qui en avait fait le slogan de son affiche de campagne lors des élections régionales de 1992), ce mantra a réussi à trahir l'héritage de la Révolution française tout en s'en réclamant : quand la déclaration des droits de l'homme et du citoyen sanctuarise le droit inaliénable à la sûreté – qui protège le citoyen de l'arbitraire de l'État –, le droit nébuleux à la sécurité prévoit très exactement l'inverse, au nom de circonstances extraordinaires, notamment le terrorisme. Dans le contexte pandémique, cette injonction contemporaine cède sa place à une autre, plus pressante et plus puissante encore : c'est la santé qui devient la première des libertés. Et pour cause : elle est désormais « une obligation juridique à remplir à tout prix », ainsi que le formule le philosophe italien Giorgio Agamben[5]. Elle peut prendre la forme d'une responsabilité collective, celle des gestes barrières, mais c'est bien d'un privilège régalien qu'il est d'abord question. Qu'il s'agisse des balles d'une Kalachnikov ou de la charge virale du coronavirus, le plus important est le droit de rester en vie. Qui oserait raisonnablement objecter ? Dans une société habitée par le risque, dans une société habitée par ce risque (une maladie coriace), nous ne

---

5. « L'épidémie montre clairement que l'état d'exception est devenu la condition normale », entretien accordé au *Monde* le 24 mars 2020.

sommes plus entièrement des individus, mais aussi des agents de contagion.

Est-ce à dire que le monde où nous sommes domiciliés bon gré mal gré est devenu le nouveau laboratoire de l'état d'exception ? Instauré, le couvre-feu – une première sur le territoire métropolitain depuis la guerre d'Algérie – qui convoque un imaginaire d'Occupation (on a vu resurgir le poème éponyme d'Éluard écrit en 1942[6]). Réactivé et prorogé, l'état d'urgence sanitaire. Déjà, les garde-fous habituels sont tourmentés par une normalisation à bas bruit : « En temps de paix, la République n'a jamais connu une telle restriction des libertés », s'inquiète Jean-Marie Burguburu, le président de la Commission nationale consultative des droits de l'homme (CNCDH), consultée ni sur l'état d'urgence sanitaire, ni sur sa prorogation[7]. Le piège serait donc double et menacerait notre santé biologique aussi bien que notre système démocratique. L'état d'exception médical du moment, par définition anormal, semble en effet accélérer des dynamiques préexistantes, initiées au nom de la lutte antiterroriste et

---

6. *Que voulez-vous la porte était gardée / Que voulez-vous nous étions enfermés / Que voulez-vous la rue était barrée / Que voulez-vous la ville était matée / Que voulez-vous elle était affamée / Que voulez-vous nous étions désarmés / Que voulez-vous la nuit était tombée / Que voulez-vous nous nous sommes aimés.*

7. Entretien accordé au *Monde* le 23 octobre 2020.

d'une demande jamais rassasiée de sécurité. C'est particulièrement vrai en matière de surveillance.

Dès les premières heures de l'épidémie, aux quatre coins du monde et dans des régimes politiques de tous types, des États s'en sont remis au pouvoir de la technique pour tenter d'endiguer la progression du virus. On a vu Israël mobiliser un programme de surveillance jusqu'ici clandestin afin de suivre sa population à la trace ; l'Italie, épicentre européen, mettre à contribution ses opérateurs téléphoniques pour s'assurer que les habitants respectaient le confinement ; les États-Unis, démarcher Facebook et Google pour mesurer les flux de population ; la Pologne, imposer des selfies aux individus placés en quarantaine sous peine de recevoir la visite de la police ; et la Chine, patient zéro, voir son monopole du contrôle social vigoureusement contesté. Chaque pays a développé son application de traçage, sans que personne ne soit en mesure d'en prouver l'efficacité. De sulfureux marchands de surveillance, milliardaires et encore méconnus du grand public, nommés Palantir ou NSO, ont délaissé leurs clients habituels, que l'on croise dans les salons d'armement internationaux, pour s'immiscer sur le marché plus que jamais porteur de la santé. D'autres acteurs, moins connus, plus discrets, ont flairé l'aubaine : modifier la finalité de leurs algorithmes pour développer une économie florissante de la distanciation sociale partie pour durer[8]. Après tout, si une caméra peut détecter un colis suspect, elle doit pouvoir identifier un passant qui ne porterait pas son masque obligatoire. Certaines digues, juridiques ou morales, ont résisté, mais jusqu'à quand ? La vie privée, et plus particulièrement le secret médical, est-elle menacée ? De la militarisation de nos espaces urbains aux prophéties autoréalisatrices – mais finalement réalisées – de société sans contact, « nous sommes confrontés à la plus grande menace sur les libertés de notre génération », comme l'affirme l'éthicien italien Michele Loi, qui a travaillé avec l'Organisation mondiale de la santé à l'élaboration de sa doctrine de surveillance sanitaire[9].

Je propose de donner un nom à ce péril : l'état d'urgence technologique. C'est un phénomène mondial. Il n'est borné ni dans le temps ni dans l'espace. Il est dans l'air. Il ne se décrète pas, ne se discute pas vraiment non plus, mais s'impose sans mot dire. Peut-être a-t-on trop pensé la surveillance de masse comme une intrusion orwellienne et totalitaire sur des portions congrues de la population. En réalité se joue ici et maintenant une généralisation à bas bruit, de faible intensité. Paradoxalement, l'état d'ur-

---

[8]. Dès le mois de mars 2020, l'Imperial College de Londres estimait que les mesures de distanciation sociales dureraient au moins dix-huit mois.
[9]. Entretien avec l'auteur en mars 2020.

gence technologique est un mode de gouvernement *low cost*. C'est le symptôme de l'impréparation, et qui l'observe suffisamment longtemps sera frappé par son caractère imparfait. Pour cause : qu'il se matérialise dans des applications de suivi des malades ou dans des caméras thermiques positionnées dans l'espace public, il est bien souvent une fin plus qu'un moyen. Le « capitalisme de surveillance », selon l'expression popularisée par l'économiste américaine Shoshana Zuboff[10], désigne une prédation systématique de nos comportements au profit des grandes plateformes, Google et Facebook en tête. Mais si Zuboff s'intéresse au capitalisme de surveillance pour *ce qu'il nous fait*, nous devons absolument l'analyser à la lumière de *ce qu'il est* : un réseau de dispositifs cachés déployés par des acteurs économiques de taille diverse au service d'une mission de police. Dans *À la trace*[11], je postulais que la surveillance contemporaine brille par son invisibilité, dans la mesure où les systèmes qui la mettent en œuvre s'entrelacent dans la trame de notre quotidien. C'est ce qui la rend si familière et affaiblit ainsi notre vigilance. La pandémie vient mitiger ce diagnostic : sous l'effet de l'urgence, les mécanismes de la surveil-

---

10. Shoshana Zuboff, *L'Âge du capitalisme de surveillance*, Zulma, 2020.
11. Olivier Tesquet, *À la trace*, Premier Parallèle, 2020.

La santé, première des libertés ?

lance deviennent subitement plus apparents. Dans ce grand moment d'incertitude qui nous pousse tous à l'humilité, ils offrent même une prise solide. Vous aurez peut-être l'impression que je malaxe à dessein des phénomènes encore marginaux ou minoritaires et que je fais coexister dans un seul espace-temps des pays incomparables ; il ne s'agit sûrement pas de minimiser la pandémie ou de considérer indistinctement les réponses qui lui sont apportées, mais d'en cartographier les effets. Et à mesure que le danger grandit, nous sommes de plus en plus nombreux à nous inquiéter du degré d'inclinaison de la pente sur laquelle nous sommes collectivement engagés. Dans cette fuite en avant, il faut d'emblée préciser que les démocraties libérales, largement étudiées ici, ne sont pas plus immunisées que les régimes autoritaires.

Comme pour les mesures antiterroristes exceptionnelles (Vigipirate ou Sentinelle, par exemple), ce qui menace avec le Covid-19 et l'état d'urgence sanitaire, c'est l'irréversibilité de l'effet cliquet. Pour vous le figurer, imaginez un mécanisme d'horlogerie : le temps écoulé est définitivement perdu. L'effet d'entraînement est tel qu'il faudrait, comme le formule l'avocat François Sureau, « une grande force morale » pour revenir en arrière. En situant dans l'espace les acteurs de cette précipitation technologique, je me suis efforcé de poursuivre un travail de recension que j'ai entamé il y a plus de dix ans.

ÉTAT D'URGENCE TECHNOLOGIQUE

J'espère ainsi contribuer à mettre au jour un phénomène qui me paraît crucial et qui reste pourtant peu étudié.

SURVEILLANCE DE MASSE,
SURVEILLANCE MASSIFIÉE

Le virus de la surveillance

Aux premières heures de la propagation de l'épidémie, un esprit cartésien aurait pu penser qu'une bonne dictature high-tech était la mieux outillée pour exécuter la sale besogne consistant à maintenir le virus loin de nos frontières. La Chine, frappée en son centre, dans la province enclavée du Hubei, allait résoudre l'affaire d'un coup de patte centralisateur et autoritaire, aidée en cela par ses outils dernier cri et ses digues numériques. Le 17 février, pour tenter de juguler une évolution incontrôlable, Wuhan, la capitale du Hubei, 11 millions d'âmes, décrète une quarantaine stricte. Interdiction absolue de sortir. Les ravitaillements quotidiens en nourriture sont organisés par les comités de quartier, et les autorités passent prendre la température des habitants plusieurs fois par semaine. Des scellés sont posés sur les portes d'appartements momentanément abandonnés par leurs occupants, et les bâtiments, bien gardés. Sous la houlette de son président Xi Jinping, l'empire du Milieu a développé une infrastructure de surveillance sans équivalent : le pays dispose de 200 millions de caméras et entend tripler ce chiffre à l'horizon 2020, jusqu'à atteindre une caméra pour deux habitants. Trente-quatre des cinquante municipalités les plus surveillées au monde sont chinoises[1]. Depuis 2005, le réseau de vidéosurveillance Skynet, homonyme de l'intelligence artificielle de *Terminator*, permet de contrôler l'espace public. En 2015, un autre programme, Sharp Eyes (littéralement, « yeux perçants »), est venu compléter le dispositif dans le but de neutraliser le moindre angle mort[2]. Les autorités de Linyi, la sous-préfecture qui en a été le berceau, sont même allées jusqu'à modifier les décodeurs des télévisions de leurs administrés pour leur permettre de regarder en direct les flux vidéo des caméras et de signaler ainsi des crimes et délits d'une simple pression du doigt. Baptisé « Chaque foyer surveille », ce projet a instantanément trouvé son slogan propagandiste : « Télécommande à la

---

1. Selon une étude de l'entreprise de sécurité informatique Comparitech.
2. Charles Rollet, *China Public Video Surveillance Guide: From Skynet to Sharp Eyes*, IPVM, 14 juin 2018.

Surveillance de masse, surveillance massifiée

main, sécurité dans le cœur[3]. » Or le coronavirus a provoqué une réaction paradoxale : alors que dans un espace public déserté la reconnaissance faciale était parfaitement inutile, des entreprises locales ont profité de ce moment pour doper des technologies biométriques toujours plus intrusives. Ainsi, la société Hanwang Technology Co. a annoncé dès le mois de mars le développement d'un logiciel capable d'identifier un individu ayant le visage masqué, tout en déterminant sa température[4]. La concurrence étrangère est – déjà – féroce : Corsight AI, une entreprise israélienne, s'est aussi positionnée sur ce créneau, soutenue à hauteur de 5 millions de dollars par un fonds d'investissement canadien[5].

Alors qu'elle était jusqu'ici un enjeu de rivalité dans une nouvelle course aux armements, notamment avec les États-Unis, la technologie chinoise se met exclusivement au service d'une stratégie de terrain, *« boots on the ground »*. À des points de contrôle physiques où les files d'attente s'allongent, des officiers en combinaison Hazmat vérifient l'historique de géolocalisation des citoyens, fourni

---

3. Josh Rudolph, « Sharper Eyes, Surveilling the Surveillers », *China Digital Times*, 9 septembre 2019.

4. Martin Pollard, « China firm develops system to recognise faces behind coronavirus masks », Reuters, 9 mars 2020.

5. « Israeli firm raises $5 million for tech to recognize mask-covered faces », Reuters, 26 avril 2020.

par les opérateurs, et autorisent ou non les déplacements d'une ville à une autre. Cette extension du domaine de la surveillance vaut aussi pour le crédit social, une autre boîte de Petri du profilage des populations, qui permet d'affecter une note à chaque citoyen en fonction de son comportement au sein de la société, du paiement de ses factures à la façon de traverser aux carrefours. Face au Covid-19, la Chine déploie rapidement une application capable de mesurer la contagiosité des habitants, assortie d'un code couleur. Vert, ils peuvent se déplacer librement. Jaune, ils doivent rester chez eux pendant sept jours. Rouge, une quatorzaine est obligatoire. Avis aux resquilleurs : ces informations sont transmises à la police[6]. À l'origine de ce système, déployé dans deux cents villes avant d'être généralisé à l'ensemble du territoire, on retrouve Alipay, le service de paiement d'Ant Financial, une branche d'Alibaba, l'un des architectes du crédit social à la chinoise. C'est d'ailleurs à Hangzhou, où se situe le siège social de cette filiale, qu'a d'abord été testé ce baromètre de circonstance. Impossible de s'y déplacer, de prendre le métro ou de faire ses courses sans montrer le précieux sésame. Alipay,

---

6. Paul Mozur, Raymond Zhong et Aaron Krolik, « In Coronavirus Fight, China Gives Citizens a Color Code, With Red Flags », *New York Times*, 1er mars 2020.

avec 900 millions d'utilisateurs, et WeChat Pay, son rival qui en compte plus d'un milliard, étaient déjà les instruments d'une vie entièrement médiée par le smartphone. À la faveur de la crise sanitaire, le pouvoir peut désormais ambitionner un changement d'échelle, d'autant plus prévisible que la Chine a déjà utilisé de grands évènements – les Jeux olympiques de Pékin en 2008, l'Exposition universelle de Shanghai en 2010 – pour serrer la vis de manière irréversible.

À la différence de ces manifestations planifiées, l'épidémie a frappé sans crier gare. Elle commande donc une réponse dans l'urgence, qui favorise elle-même une accélération périlleuse. Ici, la technologie vise peut-être autant à soigner les malades qu'à affirmer le pouvoir – il s'agit dans les deux cas d'ordonner leur place dans l'espace. S'exprimant au sujet du progrès technique impossible à freiner, le philosophe et urbaniste Paul Virilio, l'un des grands penseurs de la vitesse, mettait en cause « une accélération sans décélération, c'est-à-dire une *hubris*, une démesure[7] », trouvant même un nom à ce modèle d'organisation politique : la dromocratie, le régime de la course. « La vitesse absolue, c'est le pouvoir absolu », ajoutait-il, pré-

---

7. Entretien avec Jean-Luc Évard, *Conférence*, n° 27, décembre 2008.

cédant de dix ans la fuite en avant décrite ici. En d'autres termes, si l'on postule que la technologie est un élément stable, essentiel même, des gouvernements contemporains, le coronavirus imposait une riposte instantanée, quasi pavlovienne, indépendamment de tout objectif purement sanitaire. Les deux courbes – celle du déploiement technologique et celle de l'épidémie – sont liées, mais elles n'épousent pas la même trajectoire.

Le danger est d'autant plus réel qu'il se manifeste partout. Face au virus de la surveillance, personne n'est immunisé. Ainsi, dans le *Financial Times*, l'historien israélien Yuval Noah Harari, auteur des best-sellers *Sapiens* et *Homo Deus*, s'inquiète de l'avènement d'un nouveau paradigme, celui d'une « surveillance sous la peau » : « Jusqu'ici, quand votre doigt touchait l'écran de votre téléphone et cliquait sur un lien, le gouvernement voulait savoir sur quoi vous cliquiez exactement. Avec le coronavirus, son centre d'intérêt change. Désormais, le gouvernement veut connaître la température de votre doigt et la pression de votre sang[8]. » Nous y reviendrons, cette charge d'Harari n'est pas sans lien avec la situation dans son pays natal, qu'il accuse d'instaurer « la première dictature du coronavirus ». Mais ailleurs, d'autres vigies

---

8. Yuval Noah Harari, « The world after coronavirus », *Financial Times,* 20 mars 2020.

Surveillance de masse, surveillance massifiée

consciencieuses posent le même diagnostic. Depuis sa terre d'accueil moscovite, à 2 600 kilomètres de Jérusalem, Edward Snowden, le lanceur d'alerte qui a infligé aux services de renseignement américains l'un des pires camouflets de leur histoire[9], craint lui aussi que les États n'utilisent l'épidémie « pour bâtir une architecture de l'oppression[10] ». Sa patrie d'adoption, qui vient de lui accorder un titre de résident permanent, n'est pas en reste. Très vite, sur le modèle chinois, le maire de la capitale russe, Sergueï Sobianine, mise sur un « système de contrôle intelligent », qui oblige chaque résident à s'inscrire sur un registre officiel et à télécharger un QR code unique faisant office de permis de circulation[11]. Dans la métropole, comptant 12 millions d'habitants, pour s'assurer que les milliers de voyageurs arrivant de Chine, d'Italie ou de France respectent leur quarantaine, la mairie recourt – elle aussi – à la reconnaissance faciale. Dotée de 170 000 caméras flambant neuves, héritage de la Coupe du monde de football en 2018, Moscou peut suivre à la trace les malades potentiels. Les contrevenants risquent 950 euros

---

9. En révélant des milliers de documents secrets de la National Security Agency (NSA) en juin 2013.
10. Dans un entretien avec VICE TV le 9 avril 2020.
11. « Muscovites will soon need QR-codes to leave their homes », Meduza, 29 mars 2020.

d'amende et jusqu'à cinq ans de prison[12]. Hormis le cas d'un voyageur européen verbalisé à hauteur de 500 roubles (6 euros) pour avoir sorti les poubelles, peu de condamnations effectives sont documentées. Mais l'enjeu est ailleurs. Stimulée par cette dynamique, financièrement soutenue par des fonds souverains, NTechLab, l'entreprise russe qui fournit ces centaines de milliers d'yeux électroniques, va se lancer dans la détection des émotions pour « repérer des agressions » et endiguer la criminalité[13]. Quand bien même cette technologie, notoirement inefficace, ne ferait qu'amplifier des discriminations déjà fortement ancrées dans la société[14]. C'est le propre de l'état d'urgence technologique : le pouvoir ne se voit pas conférer de pouvoirs spéciaux (ce n'est donc pas une dictature telle que la rêvait Carl Schmitt[15]), mais jouit de la plus grande latitude possible pour

---

12. Benoît Vitkine, « Covid-19 : à Moscou, des amendes pour les personnes ne respectant pas les quatorzaines », *Le Monde*, 9 mars 2020.

13. Thomas Brewster, « This Russian Facial Recognition Startup Plans To Take Its "Aggression Detection" Tech Global With $15 Million Backing From Sovereign Wealth Funds », Forbes, 22 septembre 2020.

14. Il faut la rapprocher de la physiognomonie ou de la phrénologie, ces pseudosciences du XIXe siècle qui produisaient une interprétation raciste de l'intelligence. Ici, on peut craindre une interprétation raciste du danger.

15. Père de l'illibéralisme et juriste rallié à Hitler.

exploiter un flou juridique. Il faut entendre celui-ci au sens du *justitium* romain, étymologiquement la suspension du droit en cas de *tumultus*, c'est-à-dire de menace portant sur l'intégrité de l'empire[16]. Les technologies de surveillance – reconnaissance faciale, drones, etc. – sont d'ailleurs systématiquement déployées sous couvert d'expérimentation, sur le modèle de la phase de test « de six mois à un an » souhaitée par le gouvernement français, momentanément abandonnée... en raison de son insécurité juridique[17] ; elles naissent d'un état d'exception chimiquement pur, rendu possible par le repli du carcan de la loi. Or, l'exception, c'est l'impuissance. C'est aussi la roche sédimentaire qui reste quand la mer s'est retirée.

Un espace public militarisé

Qu'est-ce que l'espace public à l'heure du confinement, du déconfinement, du couvre-feu, du reconfinement, du redéconfinement ? Pour répondre à cette épineuse question, il ne faut pas seulement considérer l'ankylose des corps, sains et malades,

---

16. Lire à ce sujet Giorgio Agamben, *Homo Sacer II, État d'exception*, Seuil, 2003.
17. Elsa Trujillo, *Pourquoi le gouvernement enterre l'expérimentation de la reconnaissance faciale*, BFMTV, 25 octobre 2020.

mais toutes les délibérations qui président à leurs mouvements. Comme le formule le philosophe Alain Létourneau en synthétisant la pensée de Jürgen Habermas, « l'espace public, c'est un ensemble de personnes privées rassemblées pour discuter des questions d'intérêt commun[18] ». Mais alors, désigne-t-il les membres du gouvernement réunis dans le secret symbolique du conseil de défense, comptables devant la population par la publicité de leurs décisions ? Ou la foule des anonymes qui, dans l'intimité de leurs cellules familiales et amicales, commentent – et remettent parfois en question – le rituel des allocutions ? Pour mieux analyser ce rapport de force par temps de Covid, je propose de me concentrer sur l'espace public urbain. De ce qu'on appelle communément les espaces publics, au pluriel. « La ville est un phénomène total où se condensent l'économique et le social, le politique et le culturel, le technique et l'imaginaire », soutient l'historien Jean-Luc Pinol[19]. C'est donc naturellement quand la ville est anormalement déserte et silencieuse, pleine de sa « solitude peuplée », comme l'aurait écrit Mauriac, que s'échafaude le discours politique de l'état d'urgence technologique.

---

18. Patrick J. Brunet (dir.), *L'Éthique dans la société de l'information*, Presses de l'Université Laval/L'Harmattan, 2001.

19. Jean-Luc Pinol (dir.), *Histoire de l'Europe urbaine*, Seuil, 2003.

Surveillance de masse, surveillance massifiée

C'est là que se déploient ses dispositifs les plus visibles, dont la banalisation est alors facilitée par une double paralysie : celle du droit, médusé par l'exception, et celle de la vie de la cité, condamnée à refluer vers l'intérieur et les espaces clos où l'on communique, mais ne débat pas (les réunions Zoom et apéros FaceTime ne sont pas éligibles). Décrivant les grandes épidémies qui ont ravagé l'Europe entre le XIVe et le XVIIe siècle, l'historien Jean Delumeau écrivait ces lignes étrangement prémonitoires en 1978 : « Voici maintenant la cité assiégée par la maladie, mise en quarantaine, au besoin ceinturée par la troupe, confrontée à l'angoisse quotidienne et contrainte à un style d'existence en rupture avec celui auquel elle était habituée. Les cadres familiers sont abolis. L'insécurité ne naît pas seulement de la présence de la maladie, mais aussi d'une déstructuration des éléments qui construisaient l'environnement quotidien[20]. » Cette mutilation de la banalité de la vie porte un nom : c'est un état de police. Ce processus, cette « cuisine du gouvernement », que le philosophe Jacques Rancière oppose à la recherche de l'émancipation, vise à « organiser le rassemblement des hommes en communauté [...] et repose sur la distribution hiérarchique des places et des fonc-

---

20. Jean Delumeau, *La Peur en Occident*, Fayard, 1978.

tions[21] ». En d'autres termes, en période de confinement : chacun chez soi. Quand il n'y a plus personne dehors, il reste toujours les forces de l'ordre. Il faut ici rappeler qu'une telle immobilisation est loin d'être inédite. « Le rêve politique de la peste », expliquait déjà Michel Foucault dans *Surveiller et punir*[22], c'est « la pénétration du règlement jusque dans les plus fins détails de l'existence et par l'intermédiaire d'une hiérarchie complète qui assure le fonctionnement capillaire du pouvoir ; non pas les masques qu'on met et qu'on enlève, mais l'assignation à chacun de son "vrai" nom, de sa "vraie" place, de son "vrai" corps et de la "vraie" maladie. La peste comme forme à la fois réelle et imaginaire du désordre a pour corrélatif médical et politique la discipline ». Ce qui, dans l'imaginaire du virus des années 2020, se matérialise sous la forme de l'identification biométrique, du traçage numérique et de l'horodatage technologique, loués tant par les épidémiologistes que les ministres ou les élus locaux.

---

21. Jacques Rancière, *Aux bords du politique*, Gallimard, 2004.
22. Michel Foucault, *Surveiller et punir*, Gallimard, 1975.

Surveillance de masse, surveillance massifiée

Un arsenal sécuritaire

Cet atavisme du pouvoir permet en outre de comprendre pourquoi les technologies mises en place dans l'urgence de la pandémie sont sécuritaires avant d'être sanitaires. Le remède administré vaut moins pour la maladie que pour l'intégrité du pouvoir lui-même, qui fabrique des anticorps au détriment des corps qu'il gouverne. « Rassurant les populations, les autorités se rassuraient à leur tour[23] », poursuit encore Delumeau. Dans le cas du coronavirus, cette fuite en avant a rapidement permis aux gouvernements – en France et ailleurs – d'occuper littéralement le terrain et de dissimuler leur impuissance politique. Précisons-le d'emblée : si l'espace public urbain est militarisé, comme entend le démontrer ce chapitre, c'est non seulement en raison de son inaccessibilité momentanée, mais surtout parce qu'on y mobilise des technologies issues du monde militaire. Ce n'est donc pas complètement un hasard si le ministère des Armées a lancé en avril un appel à projets portant sur des « solutions innovantes » dans la lutte contre le Covid-19. Dans le cahier des charges sont mentionnés les « facteurs de limitation des déplacements et [la] lutte contre la transgression ». Dotation : 10 millions d'euros. Dans ce contexte, une

---

23. Jean Delumeau, *La Peur en Occident, op. cit.*

technologie est immédiatement apparue comme le premier relais – aérien – des mesures politiques : les drones. Une présence « considérée comme une sommation avant verbalisation[24] ». Un mois plus tôt, on avait déjà vu ces curieux coléoptères dans les ciels coréen, grec, britannique, espagnol ou italien. En France, en l'espace de quelques jours, de petits aéronefs sans pilote embarqué – dont certains de fabrication chinoise, les mêmes qu'à Wuhan, à 3 000 euros l'unité et disposant de vingt à trente minutes d'autonomie – se sont mis à survoler le territoire. Ici, pour quadriller la promenade des Anglais à Nice, en intimant par haut-parleurs aux contrevenants de rentrer chez eux[25] ; là, pour surveiller les plages de Saint-Malo et renseigner les policiers au sol quand l'engin débusque un joggeur hors la loi[26]. « Un peu comme un maître et son chien, il y a le drone et le pilote », rigole un des 450 gendarmes et policiers formés à la surveillance du ciel hexagonal pendant le confinement[27]. DJI, le numéro un

---

24. Jean-Michel Normand, « Le drone, renfort utile mais controversé pour faire respecter le confinement », *Le Monde*, 26 mars 2020.
25. Matthias Galante, « Confinement : à Nice, un drone pour faire respecter les consignes », *Le Parisien*, 19 mars 2020.
26. Guillaume Robelet, « Saint-Malo, la côte surveillée depuis un drone », *Ouest France*, 27 mars 2020.
27. Boris Massaini, « Le drone de la gendarmerie veille au respect du confinement », *L'Est Républicain*, 15 avril 2020.

Surveillance de masse, surveillance massifiée

mondial du secteur, a même proposé d'y ajouter un système d'épandage afin de pulvériser du désinfectant, ainsi qu'un capteur thermique capable de mesurer la température corporelle d'un individu. En vain, pour l'instant. Dans certains cas, des avions et des hélicoptères équipés de caméras infrarouges ont pris le relais, comme à Marseille ou dans la banlieue nantaise[28]. À Paris, le préfet de police Didier Lallement en a fait une arme de choix pour faire régner l'ordre, mobilisant une flotte d'une vingtaine d'appareils capables de voler à 150 mètres de hauteur. « La technologie nous aide », s'est-il réjoui, avant que le Conseil d'État ne vienne doucher son enthousiasme. Le 18 mai, moins d'une semaine après le déconfinement, saisie par plusieurs associations de défense des libertés publiques, la plus haute juridiction administrative du pays a ordonné la suspension « sans délai » de ces opérations d'un nouveau genre. Le message est clair : faute d'encadrement légal, et à moins que la préfecture de police rende impossible l'identification des personnes filmées, les drones sont trop intrusifs : « Compte tenu des risques d'un usage contraire aux règles de protection des données personnelles qu'elle comporte, la mise en

---

28. Christian Meas, « Un hélicoptère de nuit pour faire respecter le confinement en Loire-Atlantique », *Ouest France*, 29 mars 2020.

œuvre, pour le compte de l'État, de ce traitement de données à caractère personnel sans l'intervention préalable d'un texte réglementaire en autorisant la création et en fixant les modalités d'utilisation devant obligatoirement être respectées ainsi que les garanties dont il doit être entouré caractérise une atteinte grave et manifestement illégale au droit au respect de la vie privée. »

La crise sanitaire agit ici comme un révélateur. En réalité, les unités de moyens aériens (UMA) de la police et de la gendarmerie utilisent ces appareils depuis le milieu des années 2000. À ce titre, elles disposent chacune d'environ 300 drones, nanodrones et microdrones[29]. Pourtant, leur utilisation présente une insécurité juridique qui nécessiterait de légiférer, car la loi n'a pas changé depuis 1995[30]. Le ministre de l'Intérieur, Gérald Darmanin, en a conscience, lui qui a appelé à « stabiliser » le cadre réglementaire, d'ailleurs dans un tout autre contexte : il entendait en l'espèce identifier les casseurs après les échauffourées qui ont

---

29. Selon un rapport du député Stéphane Mazars (LREM), réalisé en amont du projet de loi de finances 2021.
30. Et le vote de la loi d'orientation et de programmation relative à la sécurité (LOPS). Le Conseil constitutionnel a précisé la même année que la mise en place de dispositifs de vidéosurveillance devait être « assortie de garanties de nature à sauvegarder l'exercice des libertés individuelles ».

Surveillance de masse, surveillance massifiée

suivi la défaite du Paris Saint-Germain contre le Bayern Munich en finale de la Ligue des Champions au mois d'août 2020[31]. Ce qui n'empêche pas la maréchaussée de continuer ses opérations hors-sol routinières, notamment pour surveiller les manifestations et ce qu'il reste de mobilisation sociale, en attendant la rustine législative du Parlement[32]. Nous pourrions nous risquer à dresser ici un parallèle avec les services de renseignement. En 2015, quand le gouvernement de Manuel Valls présente un texte visant à renforcer singulièrement leurs moyens techniques, Jean-Jacques Urvoas, président de la commission des lois de l'Assemblée nationale, corédacteur du projet de loi, futur garde des Sceaux, insiste sur l'impérieuse nécessité de « sortir de la zone grise » afin de border par la loi des pratiques « alégales ». En termes moins pudiques, d'officialiser des barbouzeries illégales, en les présentant comme un signe de maturité démocratique.

La même opération de passe-passe est à l'œuvre avec la proposition de loi relative à la sécurité globale, déposée par deux députés de la majorité,

---

31. « Violences : Gérald Darmanin veut pouvoir utiliser des drones pour identifier les casseurs », AFP, 24 août 2020.
32. Le Conseil d'État l'a d'ailleurs rappelé à la préfecture de police de Paris, en suspendant l'utilisation des drones pour surveiller les manifestations, dans une décision du 21 décembre 2020.

dont Jean-Michel Fauvergue, ex-patron du RAID, et adoptée en première lecture par l'Assemblée nationale le 24 novembre 2020[33]. Si l'attention médiatique s'est concentrée sur l'article 24, qui entraverait considérablement la documentation du travail de la police, d'autres dispositions du texte méritent la plus grande attention, particulièrement lorsqu'elles sont discutées en pleine pandémie. Ainsi, l'article 22 prévoit de faciliter le recours aux drones policiers, dans un éventail de situations si large que les « garanties sont insuffisantes pour préserver la vie privée », ainsi que le formule la Défenseure des droits[34]. Dans l'Hémicycle, quelques jours après le vote solennel, l'UDI Jean-Christophe Lagarde, qui a pourtant donné sa voix, se rebiffe contre « un droit de perquisition visuelle permanent sans contrôle d'un juge », dressant un parallèle avec la Chine. Il faut dire que ces engins pourront désormais transmettre leurs images en temps réel au poste de commandement. En attendant d'embarquer, demain, des logiciels de reconnaissance faciale ? La perspective n'est pas farfelue : tous les amendements qui proposaient d'interdire ce saut technologique ont été rejetés, aussi bien en commission des lois qu'en séance. La rapporteure Alice Thourot a plusieurs fois invoqué

---

33. Par 388 voix pour, 104 contre.
34. Avis 20-05 du 3 novembre 2020.

un sujet « complexe » qui nécessitera une production législative dédiée. D'ici là ? Faute d'être interdite, comme c'est désormais le cas dans plusieurs villes américaines (San Francisco, Oakland, Portland), la biométrie la plus invasive est autorisée. Logique : le livre blanc de la sécurité, publié concomitamment par le ministère de l'Intérieur, préconise une « expérimentation de la reconnaissance du visage en temps réel dans l'espace public[35] ». Pire, celle-ci devra avoir été « éprouvée » avant les Jeux olympiques de Paris en 2024, notamment pendant la Coupe du monde de rugby, qui se déroulera l'année précédente. Alors que les enjeux philosophiques, politiques, juridiques et techniques sont cruciaux, la deadline est déjà fixée et le débat, vicié. Ceci est d'autant plus préoccupant que ce vade-mecum officiel de la police du futur plaide aussi pour d'autres explorations, comme l'odorologie (analyse des empreintes olfactives) ou la biométrie vocale (comparaison de voix pour les identifier). Dans une interview récente, le grand écrivain américain Don DeLillo[36] déplorait cette course aveugle aux armements. « Tout ce que la technologie est capable de faire doit désormais être fait », déclarait-il

---

[35]. Publié le 16 novembre 2020 et disponible sur le site du ministère de l'Intérieur.
[36]. David Marchese, « We All Live in Don DeLillo's World. He's Confused by It Too », *New York Times Magazine*, 11 octobre 2020.

en paraphrasant le Cornelius Castoriadis du *Monde morcelé*[37]. À quelques milliers de kilomètres de là, Gérald Darmanin semble lui répondre, trouvant légitime que les citoyens « se posent la question de la politique à la *Minority Report* », qu'il embrasse et même étreint[38]. Car, au fond, ce qui se manifeste avec cet inquiétant virage techno-sécuritaire est l'aboutissement d'une asymétrie de plus en plus dangereuse entre une police discrétionnaire et des citoyens mis à nu. D'un côté, des centres de commandement hermétiques. De l'autre, un espace urbain sans angles morts. *Quis custodiet ipsos custodes*, proclamait Juvénal. Qui gardera les gardiens ?

Déjà, devant l'accélération provoquée par l'incertitude du moment, les thuriféraires de la surveillance se frottent les mains. « Il semble raisonnable de prévoir que la robotisation va progresser fortement du fait du coronavirus », se réjouit par exemple un cadre de la société Azur Drones, l'un des équipementiers de l'agglomération niçoise qui, sous l'impulsion de son maire, Christian Estrosi, s'est transformée ces dernières années en véritable showroom des indus-

---

37. Cornelius Castoriadis, *Le Monde morcelé. Les carrefours du labyrinthe, III*, Seuil, 1990.
38. Lors d'une audition par la commission des lois de l'Assemblée nationale le 30 novembre 2020.

tries sécuritaires[39]. On peut alors légitimement s'interroger sur le recours à des machines guerrières en temps de paix. Dans sa *Théorie du drone*, qui s'intéresse exclusivement aux Reaper et autres Predator, les chasseurs-tueurs des zones de conflit, Grégoire Chamayou tire un constat qui dépasse son simple objet d'étude : « La préservation par le drone procède par retrait du corps vulnérable, par sa mise hors de portée[40]. » C'est un outil « téléchirique[41] », explique-t-il en convoquant un néologisme barbare forgé dans les années 1960 par un ingénieur américain du nom de John W. Clark ; autrement dit, il impose une distance entre le corps qui inflige et celui qui reçoit. Mais cette distance redéfinit l'organisation de l'espace public urbain, qui devient un territoire hostile. La distance, c'est la précaution qu'on instaure entre soi et l'ennemi. Bien sûr, dans l'ère pandémique, les missiles Hellfire ont été remplacés par des ordres oraux, beaucoup plus inoffensifs. Nous ne vivons ni dans les faubourgs de Sanaa ni dans les montagnes escarpées du Waziristan. Et aussi inquiétants puissent-ils être, ces automates perfectionnés ne peuvent *a priori* pas nous blesser, encore moins nous tuer. Spot, le chien-robot de l'entreprise Boston

---

39. « Robots et Drones : des machines au service des humains contre le coronavirus », Azurdrones, 31 mars 2020.
40. Grégoire Chamayou, *Théorie du drone*, La Fabrique, 2013.
41. Du grec *tele*, la distance, et *kheir*, la main.

Dynamics, aperçu dans la série *La Guerre des mondes* et déployé dans les parcs de Singapour pour y faire respecter les gestes barrières, ne peut pas mordre[42]. Mais cela ne signifie pas qu'il est sans danger.

Politique de la ville sûre ?

Pour cerner ce péril, il faut s'attarder sur une idée particulièrement en vogue chez les partisans du tout-sécuritaire : la *safe city* (littéralement, la ville sûre). Il y a encore quinze ans, au glorieux temps des nouvelles technologies de l'information et de la communication (NTIC), on parlait volontiers de *smart city*, la ville intelligente. Ses architectes rêvaient alors de banlieues hyperconnectées – comme à Songdo, près d'Incheon, en Corée du Sud – ou de cités vertes au milieu du désert – avec le projet Masdar City à Dubaï. Mais dans les années 2010, sous l'impulsion de la Chine, cet horizon a fini par s'évanouir au profit d'une déclinaison plus autoritaire. « Ne dites plus urbanisme, dites police préventive », scandait un vieux slogan soixante-huitard. Le prenant au pied de la lettre, la ville sûre n'entend

---

42. Cheryl Tan, « Robot reminds visitors of safe distancing measures in Bishan-Ang Mo Kio Park », *The Straits Times*, 9 mai 2020.

pas seulement optimiser la consommation d'eau ou d'énergie, mais aussi rationaliser la circulation des individus. Faire entrer la police dans la *polis*. La vidéosurveillance devient intelligente, la reconnaissance faciale s'invite à chaque coin de rue, drones et tourelles sont autant d'agents chargés d'huiler les rouages. Ajoutons : dans un monde covidé, c'est une véritable économie de la distanciation sociale qui se met en branle[43]. Un devenir urbain qui nous concerne d'autant plus que les prévisions sont haussières : en 2050, 68 % de la population mondiale habitera en ville, contre 55 % aujourd'hui[44]. En soixante-dix ans, le nombre d'urbains a été multiplié par plus de cinq, passant de 750 millions en 1950 à 4,2 milliards en 2018. Comme le formulait un ponte de Thales, fleuron français de la défense, lors du salon Milipol en novembre 2019, « l'insécurité va mécaniquement augmenter » avec cette urbanisation programmée. C'est dans cet immense supermarché des armes et des blindés légers, dans la moiteur impersonnelle du Parc des expositions de Villepinte, à quelques encablures de l'aéroport Roissy-Charles-de-Gaulle, que s'élabore désormais la politique de la ville. Dévorée par les intérêts industriels, la *safe city* s'est imposée, selon Jathan Sadowski, chercheur

---

43. Voir p. 125.
44. Selon une étude de l'ONU publiée en 2018.

à l'université de Sydney, comme « un euphémisme pour désigner un futur urbain sous contrôle[45] ». Le grand critique de cinéma Serge Daney disait de la ville qu'elle « permet de voir sans être vu, et d'être vu sans voir[46] ». Tel un miroir sans tain, la ville sûre confisque les regards pour ne jamais les rendre.

Dans ce modèle contemporain, sous le vernis grossier d'un confinement féodal et indiscriminé, se révèle la granularité de l'état d'urgence technologique. Puisqu'on fait désormais tout chez soi, le domicile, cette « monade interconnectée », ce « nœud logistique[47] », est traité exactement de la même manière que l'espace public urbain dans lequel il vient s'insérer. Déjà, en 1990, Gilles Deleuze, citant l'exemple de la médecine, rappelait les effets pervers de cette discipline hors les murs : « Dans la crise de l'hôpital comme milieu d'enfermement [...], les soins à domicile ont pu marquer d'abord de nouvelles libertés, mais participer aussi à des mécanismes de contrôle qui rivalisent avec les plus durs enfermements[48]. » Signe de cette invasion de l'in-

---

45. Jathan Sadowski, « The Captured City », *Real Life Mag*, 12 novembre 2019.
46. Serge Daney, *Cités-Cinés*, Ramsay, 1987.
47. Camille Espedite et Anna Borrel, *Pouvoir, domicile, mort : à l'ère du Covid-19*, lundimatin, n° 238, 13 avril 2020.
48. Gilles Deleuze, « Post-scriptum sur les sociétés de contrôle », *L'Autre Journal*, n° 1, mai 1990.

timité, la Sûreté du Québec (SQ) a obtenu pendant le confinement, en vertu d'une loi sur la santé publique, l'autorisation de géolocaliser – en dernier recours – les personnes cherchant à échapper à la quarantaine, un dispositif d'ordinaire réservé aux enquêtes criminelles. Au moins un cas a été répertorié[49]. De la même façon, afin de faire respecter l'interdiction des rassemblements privés lors de la deuxième vague de l'épidémie, la police canadienne s'est vu offrir le droit, grâce à une modification du Code de procédure pénale, de perquisitionner le domicile de toute personne suspectée d'enfreindre les règles sanitaires édictées par le gouvernement[50]. Et vous ? Vous avez été perquisitionnés lors du dîner de Noël ?

NSO et Palantir, épouvantails de la crise du Covid

« Nous faisons plus de bien que de mal et [la crise sanitaire] est l'occasion de le montrer au monde. » Alors que celui-ci apprend à vivre avec le virus, un industriel de la surveillance, conforta-

---

49. Tristan Péloquin, « Récalcitrants : au moins une personne infectée retrouvée par géolocalisation », *La Presse*, 3 avril 2020.
50. Tommy Chouinard, « Québec s'appuie sur une nouvelle règle », *La Presse*, 1er octobre 2020.

blement installé au bord de sa piscine chypriote, voit le verre à moitié plein. Il s'appelle Tal Dilian, et ce n'est pas n'importe qui. Avec ses faux airs de George Clooney vieillissant, cet ancien colonel de Tsahal a dirigé à la fin des années 1990 la très secrète Unité 8100, spécialisée dans les écoutes et le hacking de haut vol pour le compte du renseignement israélien. Reconverti dans le privé et désormais millionnaire, Dilian est à la tête d'Intellexa, un consortium dont fait également partie le Français Nexa (ex-Amesys), visé par plusieurs procédures judiciaires pour avoir vendu ses technologies intrusives à des régimes autoritaires en Libye et en Égypte. Spécialisée dans l'« interception wifi longue distance », cette entité commerciale furtive vend notamment le SpearHead 360, un van digne de *L'Agence tous risques*, bardé d'antennes et capable d'infecter un téléphone à 500 mètres de distance. Prix unitaire : 5 millions d'euros. Le véhicule est tellement intrusif que Dilian a récemment eu maille à partir avec la justice de Chypre, qui l'accuse de s'être livré à des activités d'espionnage illégales. À la faveur du coronavirus, Intellexa a décidé de se diversifier, en développant une plateforme capable de suivre les moindres gestes d'une personne infectée, en aspirant sans interruption ses données de géolocalisation. Vendu aux gouvernements pour la modique somme de 8 millions d'euros (un tarif susceptible de doubler si le pays est particulièrement peuplé), le système est un copier-coller des outils liberticides écoulés le reste de l'année auprès de potentats africains ou proche-orientaux, qui s'en servent pour garder l'œil sur le moindre germe de contestation politique. Dilian ne cherche même pas à camoufler ce clonage opportuniste ; il espère qu'une fois la pandémie terminée, ses clients continueront à utiliser son produit à des fins sécuritaires. « Nous voulons qu'ils soient capables de se renforcer », se réjouit-il, interrogé par l'agence Reuters[51]. Sans vouloir les nommer, il assure avoir déjà trouvé deux acquéreurs en Europe de l'Ouest.

Tal Dilian et Intellexa ne sont pas les seuls à avoir flairé le filon. Cellebrite, une autre entreprise israélienne, propose de siphonner les données des individus positifs au Covid-19 pour « mettre en quarantaine les bonnes personnes », selon l'argumentaire commercial envoyé à plusieurs forces de police aux quatre coins du globe. Spécialisée dans l'autopsie des téléphones, Cellebrite s'est rendue célèbre en aidant le FBI à déverrouiller l'iPhone du terroriste responsable de la fusillade de San Bernardino en décembre 2015, après le refus d'Apple

---

51. Joel Schectman, Christopher Bings et Jack Stubbs, « Cyber-intel firms pitch governments on spy tools to trace coronavirus », Reuters, 28 avril 2020.

de coopérer. Plus récemment, elle a également signé des contrats avec les polices française et britannique pour leur permettre de surveiller la frontière à Calais et d'explorer le matériel informatique de justiciables en quelques clics, sans quitter le commissariat[52]. Revendiquant 60 000 clients dans 150 pays, l'officine écoule également sa « mallette magique » auprès des services douaniers de plusieurs pays européens, qui s'en servent pour éplucher le téléphone des demandeurs d'asile et « identifier toute activité suspecte » en passant au crible leur historique de recherche, en cherchant des mots-clés ou en examinant leurs photos de famille. Dans une présentation faite aux autorités marocaines en 2019, Cellebrite justifie ce business juteux par les statistiques : « 77 % des réfugiés arrivent à destination sans papiers d'identité, mais 43 % d'entre eux possèdent un smartphone[53]. » De l'autre côté de l'Atlantique aussi, les boutiquiers les plus sulfureux semblent s'être passé le mot. Afin de « rouvrir l'économie », l'Américain Clearview AI s'est rapproché des autorités sanitaires des États-

---

52. Christophe-Cécil Garnier, « Bientôt dans presque tous les commissariats, un logiciel pour fouiller dans vos portables », Streetpress, 20 janvier 2020.
53. « Surveillance Company Cellebrite Finds a New Exploit: Spying on Asylum Seekers », Privacy International, 3 avril 2019.

Surveillance de masse, surveillance massifiée

Unis pour leur proposer ses services dans le traçage des malades[54]. Pour ce faire, son patron, Hoan Ton-That, entend s'appuyer sur le réseau de vidéosurveillance déjà bien implanté dans l'espace urbain. Sa vision est claire : « Là où il y a une caméra, nul ne peut revendiquer le droit à la vie privée. » Quelques semaines avant l'irruption du virus, Ton-That s'est fait connaître du grand public avec le panache des flibustiers : il a clandestinement bâti une base de données de trois milliards de visages, récupérés sur Facebook, YouTube et d'autres réseaux sociaux[55]. Sept fois et demie plus importante que celle du FBI, elle a ensuite été vendue à 600 forces de police américaines. Pour faciliter l'adoption de sa *killer app*, Clearview AI n'a pas hésité à offrir des tests gratuits ou à s'acoquiner avec quelques VIP curieux susceptibles de la financer, comme l'acteur Ashton Kutcher. Dans sa remarquable enquête, Kashmir Hill, journaliste au *New York Times*, ne prend pas de gants : « Rechercher le visage de quelqu'un pourrait bientôt devenir aussi simple que de taper un nom sur Google. » Avec Clearview AI, la fin de l'ano-

---

54. Jacob Ward et Chiara Sottile, « A facial recognition company wants to help with contact tracing. A senator has questions », NBC News, 1er mai 2020.
55. Kashmir Hill, « The Secretive Company That Might End Privacy as We Know It », *The New York Times*, 18 janvier 2020.

nymat, l'horizon des paranoïaques tempérés, n'a jamais semblé aussi proche. Pas de quoi inquiéter l'un des investisseurs historiques de la start-up, qui explique que « bien sûr, la technologie peut mener à un futur dystopique, mais on ne peut pas l'interdire ». Malgré le scandale, le développement du nouvel entrant sur ce marché en pleine croissance est exponentiel : il vend sa technologie aux quatre coins du globe, à des gouvernements comme à des entreprises, de l'Australie au Brésil en passant par la NBA. À neuf pays de l'Union européenne aussi, dont le Royaume-Uni, l'Italie et la France[56].

Dans cette course effrénée au *Covid-washing*, deux entreprises méritent qu'on s'attarde particulièrement sur leur cas. Car elles ont, plus que les autres, profité de l'épidémie pour renforcer leur influence et se refaire une virginité. La première, NSO, est notoirement allergique à la lumière. Cette firme israélienne, fondée elle aussi par d'anciens du renseignement, s'est fait une réputation dans le milieu de la barbouzerie en se spécialisant dans une discipline aussi particulière qu'invasive : le *spyware*, autrement appelé logiciel-espion. Bien connu des défenseurs des droits humains, ce marchand d'armes

---

56. Caroline Haskins, Ryan Mac et Logan McDonald, « Clearview's Facial Recognition App Has Been Used By The Justice Department, ICE, Macy's, Walmart, And The NBA », BuzzFeed, 27 février 2020.

numériques facture son produit star – Pegasus-3 – au demi-gros : 5 à 10 millions d'euros le pack de cent infections « tactiques » (au contact de la cible), le double pour une intervention « stratégique » (à distance). Malgré ce tarif prohibitif, le gadget a déjà séduit la Belgique et l'Inde, qui y recourent pour espionner les islamistes de Molenbeek ou les naxalites. Mais aussi le Mexique (Pegasus a servi à espionner les proches du journaliste Javier Valdez Cárdenas, assassiné en mai 2017 alors qu'il enquêtait sur le narcotrafic), le Maroc (pour surveiller les avocats et jeter en prison le journaliste Omar Radi) ou le Rwanda (afin de localiser les dissidents parfois traqués par les escadrons de la mort européens). Un temps conseillée par Gérard Araud, ancien ambassadeur de France aux États-Unis et en Israël, NSO fait aussi affaire avec les pays du Golfe amis de l'État hébreu, et avec l'Arabie saoudite : l'entreprise aurait aidé les sbires du prince héritier Mohammed Ben Salmane – dit MBS – à surveiller l'éditorialiste en exil Jamal Khashoggi dans les mois qui ont précédé sa brutale exécution dans l'enceinte du consulat saoudien à Istanbul. Si elle nie toute implication, l'officine a gelé le contrat, négocié avec deux hauts responsables du royaume sunnite : le général Ahmed al-Assiri et le *spin doctor* numérique de MBS, Saoud al-Qahtani. Ceux-là mêmes qui ont été mis à l'écart après l'assassinat de Khashoggi. Depuis trois ans, une centaine de journalistes et activistes auraient été contaminés, suivant un modus operandi désormais connu, en cliquant sur un lien WhatsApp vérolé. Le tout en exploitant une faille dans le service de messagerie de Facebook, ce qui lui vaut d'être poursuivi en justice aux États-Unis, l'épouvantail israélien aurait atteint 1 400 cibles dans pas moins de vingt pays. Malgré des abus documentés et une pression internationale grandissante – notamment aux Nations unies –, NSO ne cille pas. Comme l'affirme Tami Shachar, sa coprésidente, dans un entretien pour l'émission américaine « 60 minutes » en mars 2019, « il ne s'agit pas de surveillance de masse. Pegasus est destiné aux Ben Laden du monde entier ». Quelques semaines plus tôt, les fondateurs de l'entreprise l'ont rachetée avec le soutien d'un fonds d'investissement britannique, Novalpina Capital, pour le montant non négligeable de un milliard de dollars, ce qui en dit long sur la fertilité du terrain labouré par NSO[57]. Quatre jours après l'annonce de l'opération, l'homme derrière ce fonds, Stephen Peel, un ancien rameur olympique diplômé de Cambridge, prend la plume pour répondre à des ONG inquiètes, en les assurant de son engagement éthique. Mais derrière ces postures, la réalité est

---

57. « NSO Group's management buys firm from Francisco Partners », Reuters, 14 février 2019.

sensiblement différente. « Une fois que le logiciel est entre les mains du client, ils n'ont plus aucune prise, à part geler les mises à jour », explique ainsi un fin connaisseur du secteur, qui a souvent croisé leur route. En guise d'apothéose, en janvier 2020, NSO est publiquement accusée par Agnès Callamard et David Kaye, respectivement rapporteurs spéciaux de l'ONU sur les exécutions extrajudiciaires et la liberté d'expression, d'avoir aidé l'Arabie saoudite – encore eux – à pirater l'iPhone X de Jeff Bezos, le richissime patron d'Amazon, afin de le faire chanter. Une fois de plus, les démentis formels fusent, et rien ne semble pouvoir contrecarrer la suprématie de l'entreprise sur un secteur hautement stratégique. Si une vingtaine de grossistes jouent des coudes – rien qu'en Israël, on peut citer Quadream, Wintego ou Candiru, ce dernier tirant son nom d'un poisson d'Amazonie remontant l'urètre de ses victimes –, aucun ne peut rivaliser avec la firme de Tel-Aviv, qui capte 80 % des contrats pour un chiffre d'affaires estimé à 225 millions d'euros.

Néanmoins, fragilisée par une attention médiatico-judiciaire de plus en plus intense, NSO veut lisser son image. C'est ici que la crise sanitaire lui offre les coudées franches pour se racheter une conduite, en passant de la clandestinité à la lumière. En Israël, la situation est inédite : pour freiner la course du virus, le Premier ministre Benyamin Netanyahou mobilise dès le mois de mars un programme de surveillance clandestin, dont l'existence est ainsi révélée. Depuis 2002, comme beaucoup d'autres pays, le gouvernement oblige les opérateurs télécom à transmettre les données de leurs clients au Shin Beth, le service en charge de la sécurité intérieure. Au lieu d'utiliser cette base de données pour détecter un futur attentat-suicide, il s'agit désormais de l'abonder avec les informations sanitaires de patients infectés par le Covid-19[58]. C'est dans ce contexte que NSO entre en scène. Pour mieux comprendre la dissémination de la maladie, l'entreprise approche les autorités en leur proposant de calculer les probabilités d'infection. Outre son logiciel malveillant Pegasus, elle a développé un autre outil, Landmark, capable de compiler simultanément la géolocalisation de cibles multiples. De façon plus intrusive encore, elle entend calculer le score de contagiosité de la population, chaque individu étant noté de 1 à 10 en fonction de ses interactions sociales. Sur Twitter, malgré la circonspection d'autres membres du gouvernement, Naftali Bennett, alors ministre de la Défense, exhibe fièrement le tableau de bord de Fleming, « l'outil le plus avancé au monde » pour combattre le coronavirus. Grâce à lui, les services

---

58. Guillaume Gendron, « Coronavirus : en Israël, l'antiterrorisme pour détecter les malades », *Libération*, 3 avril 2020.

sanitaires – ou policiers – peuvent suivre tous les déplacements d'une personne, appliquer des filtres et, évidemment, désanonymiser les données le cas échéant[59]. Signe ultime de l'inscription dans la durée d'une telle stratégie, le gouvernement a proposé au mois d'octobre un texte de loi qui permettrait aux services de renseignement d'utiliser les données du Covid lors d'enquêtes criminelles[60]. Une fois de plus, l'effet cliquet joue à plein. NSO, elle, peut s'ébaudir de ce virage habilement négocié, sanglée dans son costume de héros national.

Aux États-Unis aussi, l'opération de blanchiment bat son plein, et un autre cador de la surveillance mondiale lorgne sur le secteur de la santé. Dans *Le Seigneur des Anneaux*, la saga de J.R.R. Tolkien, le palantír est une sphère magique et indestructible, qui offre un pouvoir aussi considérable que dangereux : celui de voir partout, tout le temps. Dans le monde des hommes, cette boule de cristal elfique se matérialise sous la forme d'une entreprise américaine éponyme qui, elle aussi, ambitionne de voir partout, tout le temps. Créée en 2003 dans une Amérique

---

59. Refaela Goichmann, « Israeli Defense Ministry Teaming Up With Spyware Firm NSO to Fight Coronavirus », *Haaretz*, 29 mars 2020.

60. Josh Breiner et Jonathan Lis, « Israel Seeks to Give Police Unrestricted Access to COVID Contact Tracing Data », *Haaretz*, 25 octobre 2020.

post-11 Septembre grâce à un coup de pouce financier d'In-Q-Tel, le fonds d'investissement de la CIA, Palantir est devenue en quelques années l'une des « licornes » de l'économie numérique, valorisée à 20 milliards de dollars, derrière Uber et Airbnb, mais devant Snapchat. Comme ses alter ego de l'économie californienne, la start-up devenue grande veut changer le monde, mais pas en construisant un réseau social ou une plateforme de services à la personne. Palantir a une spécialité : le brassage de données, qu'elle concasse, compacte, croise à des fins prédictives. D'abord exclusivement tournée vers la communauté du renseignement qui a présidé à sa création (et continue de la nourrir en contrats), l'entreprise a basculé au début des années 2010 vers des clients commerciaux. La banque JPMorgan Chase a ouvert la voie ; d'autres, comme BP ou Airbus, ont suivi. Chaque branche a son logiciel dédié : aux premiers, Gotham ; aux seconds, Foundry. Plus que ses produits onéreux, c'est le pedigree de l'un de ses géniteurs qui inquiète. Peter Thiel, 53 ans, est un libertarien tendance ultra : il ne croit plus « que la liberté et la démocratie soient compatibles[61] ». Spécialiste de la théorie mimétique de René Girard, grand argentier de la Silicon Valley, soutien financier du Parti républicain, il a cofondé le

---

61. Peter Thiel, *The Education of a Libertarian*, Cato Unbound, 13 avril 2009.

service de paiement en ligne PayPal, possède un siège au conseil d'administration de Facebook – dont il est l'un des premiers investisseurs – ainsi qu'un bunker néo-zélandais en cas d'apocalypse. Depuis que l'histrionique Donald Trump a conquis la Maison-Blanche, Palantir est occupée sur un nouveau front : grâce à un contrat de 41 millions de dollars alloué par les douanes américaines en 2014, sous Obama, la firme est devenue le bras invisible de la politique d'expulsion de sans-papiers du nouveau président[62]. Une véritable « machine à déporter », telle que la nomment les associations viscéralement mobilisées contre elle, à commencer par Mijente, un collectif latino qui veut démanteler l'ICE, la très critiquable police de l'immigration américaine. Et quand Thiel inquiète trop, c'est son binôme, le post-hippie iconoclaste Alex Karp, ancien élève d'Habermas et habillé comme un alpiniste hirsute, qui prend le relais. En prenant cyniquement la pose sous un portrait de Michel Foucault, il détaille au *New York Times* sa routine tai-chi sous les châtaigniers du jardin du Luxembourg et défend sa technologie « pas plus dangereuse » que les autres. Un cadre moins-disant de l'entreprise renchérit : « C'est

---

62. Spencer Woodman, « Palantir Provides The Engine For Donald Trump's Deportation Machine », The Intercept, 2 mars 2017.

du travail de plomberie[63]. » Mais la pression de la société civile ne faiblit pas.

Au mois d'avril, le troisième cofondateur de Palantir, Joe Lonsdale, se positionne : il affirme que le Sauron du big data « est l'une des meilleures armes dans la guerre contre le virus[64] ». De fait, après une première incursion dans la santé en 2010 à l'occasion d'une épidémie de choléra en Haïti, la société américaine y revient volontiers. Regrettant le retard européen dans les technologies dites « de rupture », la Commission européenne suggère dès février à sa vice-présidente, la Danoise Margrethe Vestager, de « faire bon accueil » aux recommandations de la clique de Peter Thiel, qui travaille déjà avec l'agence de police criminelle Europol[65]. Rapidement, Palantir démarche plusieurs pays européens. En Allemagne, le Land de Hesse, qui songe un temps à s'adjoindre ses services pour affronter la crise sanitaire, renonce face aux critiques[66]. En France, l'AP-HP, méfiante, lui oppose une fin de non-recevoir ; cette dernière

---

63. Michael Steinberger, « Does Palantir See Too Much? », *New York Times Magazine*, 21 octobre 2020.

64. Jen Rogers, « Palantir is one of "our best weapons" against the coronavirus: Co-founder », Yahoo! Finance, 30 avril 2020.

65. Samuel Stolton, « La Commission européenne sommée de s'expliquer sur ses liens avec Palantir », Euractiv, 11 juin 2020.

66. « Kein Einsatz von Palantir-Analysesoftware in Corona-Krise », *Süddeutsche Zeitung*, 30 avril 2020.

travaille déjà avec une start-up née dans l'Hexagone, Dataiku, pour produire des statistiques à partir des outils de soin, qu'il s'agisse de moniteurs de réanimation, de diagnostics ou de médicaments[67]. Mais ces deux camouflets n'entament pas l'esprit d'initiative de Palantir. Chez nos voisins britanniques, la résistance est bien moindre. Contre une livre sterling symbolique, les autorités sanitaires ouvrent grand leur réservoir de données liées au Covid-19 : nom du patient, âge, adresse, état de santé, traitements, allergies, tests, scanners, radios, tout y est. Pseudonymisé, promet le National Health Service (NHS), le système public de santé du Royaume-Uni[68]. Pour affiner ses modèles prédictifs, Palantir travaille avec une entreprise locale, Faculty, spécialisée dans l'intelligence artificielle. Et tandis que des médecins et parlementaires dénoncent « un démantèlement du système de santé », délégué à une officine notoirement opaque[69], la création de Peter Thiel et Alex Karp prend ses aises en contournant la commande

---

67. Elsa Trujillo, « Données de santé : l'AP-HP écarte la proposition de Palantir », BFMTV, 17 avril 2020.
68. Sam Shead, « Britain gave Palantir access to sensitive medical records of Covid-19 patients in £1 deal », CNBC, 8 juin 2020.
69. Juliette Garside et Rupert Neate, « UK government "using crisis to transfer NHS duties to private sector" », *The Guardian*, 4 mai 2020.

publique : au cœur de l'été, le contrat avec le NHS est renouvelé. Le montant a changé : un million de livres sterling[70]. Et en décembre, la facture gonfle encore, en même temps que le périmètre s'élargit : 23 millions de livres sterling pour la fourniture « d'un service de gestion de données[71] ». En Angleterre, cette sous-traitance suit une tendance lourde, entamée quelques mois auparavant. Depuis 2018, en vertu d'un contrat confidentiel, Amazon a gratuitement accès aux données médicales de millions de Britanniques afin d'améliorer les réponses de son assistant vocal, Alexa[72]. Entérinant un phénomène de privatisation galopante, le Royaume-Uni a entamé des pourparlers avec Palantir pour lui déléguer sa stratégie – défaillante – de tests et de traçage des malades. Soit des centaines de milliers de données hebdomadaires[73].

Sur son propre sol, Palantir profite également des largesses d'un gouvernement ami. Outre les garde-

---

70. Oscar Williams, « Revealed: Palantir secures £1m contract extension for NHS data store work », *New Statesman*, 15 juillet 2020.

71. Contrat publié sur contractsfinder.service.gov.uk le 18 décembre 2020.

72. Clara Galtier, « Amazon a eu accès à des données de santé de millions de Britanniques », *Le Figaro*, 12 décembre 2019.

73. Helen Warrell et Sarah Neville, « UK in talks with Palantir over test-and-trace programme », *Financial Times*, 4 novembre 2020.

côtes, responsables de l'évacuation des navires de croisière, la FEMA, l'Agence fédérale des situations d'urgence, succombe. En mai, elle demande à tous les États de transmettre leurs données hospitalières quotidiennes à l'entreprise, qui continue ainsi de prospérer avec la bénédiction de l'administration Trump[74]. S'il y a un secteur d'activité qui ne s'inquiète pas du coronavirus, c'est bien celui de la surveillance : Palantir projette un chiffre d'affaires de un milliard de dollars en 2020, en hausse de 35 % par rapport à l'année précédente[75]. Et même si elle continue d'être déficitaire, elle a été introduite en Bourse au mois de septembre, après des années de tergiversations. « C'est la science-fiction qui entre à Wall Street », s'émeut Philippe Escande, le chroniqueur économique du *Monde*[76], mais il n'y a rien d'anodin dans le timing de cette opération : la pandémie offre respectabilité et stabilité financière à l'entreprise. Ainsi qu'un pouvoir démesuré et possiblement incontrôlable, qui ne devrait pas faiblir avec l'administration Biden : lorsqu'elle était pro-

---

74. Spencer Ackerman, « FEMA Tells States to Hand Public Health Data Over to Palantir », *The Daily Beast*, 21 mai 2020.

75. Josh Lipton et Jordan Novet, « Palantir expects revenue to top $1 billion this year », CNBC, 9 avril 2020.

76. Phillipe Escande, « Avec la cotation en Bourse de Palantir, c'est la science-fiction qui entre à Wall Street », *Le Monde*, 30 septembre 2020.

cureure générale de Californie, entre 2011 et 2017, la vice-présidente Kamala Harris était une fervente partisane de la police prédictive, qu'elle a contribué à banaliser en octroyant des contrats à Palantir[77]. Alors que le monde entier affrontait la deuxième vague du virus, une question de politique sanitaire prospective a dû être tranchée : à qui administrer en priorité le vaccin ? Le gouvernement fédéral américain a décidé de la confier à Palantir[78]. Ainsi que le révèle le *Wall Street Journal*, un logiciel sur mesure, baptisé Tiberius, permet de cibler les zones concentrant des populations vulnérables et de gérer les stocks en temps réel par l'analyse de paramètres démographiques, économiques et sanitaires. Déjà utilisée par le Programme alimentaire mondial des Nations unies, cette solution prend dans le contexte actuel une dimension vertigineuse : telle la multinationale diabolique d'un blockbuster de science-fiction, Palantir est désormais chargée de déterminer pour le compte du pouvoir qui est protégé en priorité.

---

77. Emily Cadei, « Kamala Harris embraced Peter Thiel's "Big Data" tech in California. How about as president? », *The Sacramento Bee*, 7 octobre 2019.

78. Peter Loftus et Rolfe Winkler, « Palantir to Help U.S. Track Covid-19 Vaccines », *The Wall Street Journal*, 22 octobre 2020.

Tracer, traquer

Des données pour gouverner

Dans la singulière période que nous traversons, rien ne semble plus charpenter nos vies que la donnée. Pas seulement parce que notre sédentarité impose un éloignement physique qui transforme la moindre de nos tâches, fût-elle personnelle ou professionnelle, en signal informatique ; mais aussi parce que la donnée, à commencer par le nombre de contaminations quotidiennes et le taux d'occupation des lits en réanimation, devient en temps de pandémie le gouvernail de la puissance publique. C'est la donnée qui conditionne l'ouverture des commerces non essentiels. C'est la donnée qui détermine la pression de l'étau sur nos déplacements. C'est encore la donnée qui fixe la date de notre libération conditionnelle. « Elle est indispensable pour améliorer la réponse sanitaire de la puissance publique », insiste Michele Loi, chercheur en éthique à l'université de Zurich. « Mais ce n'est pas un sprint, c'est un marathon, il faut impérativement penser aux effets sur le long terme[1]. » Pour autant, la donnée n'est pas la manifestation contemporaine d'une *mathesis universalis* qui obéirait à un grand projet rationaliste réduisant l'homme à un simple objet quantifiable ; ainsi que le formule joliment le sociologue Antoine Courmont, la donnée est « le couronnement provisoire d'une série d'approximations sur laquelle nous nous accordons pour représenter un phénomène[2] ». En d'autres termes, une donnée n'est qu'une interprétation statistique du réel. Autrement dit, elle est faillible et n'est pas exempte de biais, d'autant plus grands qu'il a fallu bricoler de nouveaux indicateurs et autres tableaux de bord dans l'urgence commandée par le virus[3]. « Il s'agit de gouverner à partir du réel, et non plus de gouverner le réel [...], de contrôler en ne faisant rien, c'est-à-dire ne rien faire d'autre que montrer les choses telles qu'elles sont », mettait en

---

1. Entretien avec l'auteur.
2. Antoine Courmont, *Coronoptiques (1/4) : dispositifs de surveillance et gestion de l'épidémie*, Laboratoire d'innovation numérique de la CNIL, 10 avril 2020.
3. Brice Le Borgne, « Urgence, cafouillages, « mille-feuille » d'indicateurs... Dans les coulisses des données très stratégiques sur le Covid-19 », France Info, 10 septembre 2020.

garde le philosophe Thomas Berns dans son archéologie politique de la statistique[4]. Dans le brouillard d'incertitude entourant le Covid-19, cela pourrait revenir à tout voir, mais ne rien savoir. Or la donnée n'oriente pas seulement la décision politique ; elle modèle aussi le discours qui la précède. Ainsi, les indices de mobilité – calculés par Google grâce à nos smartphones et cités par le conseil scientifique dans son avis du 26 octobre 2020 – permettent autant de mesurer à l'échelle régionale la fréquentation des commerces (- 15 %), des pharmacies (+ 2 %), des transports (- 25 %) ou des lieux de travail (- 36 %) que d'ordonner littéralement l'activité humaine. Pour mieux cerner le périmètre de ce mode de gouvernement, je propose ici de distinguer trois couches de dispositifs, classés en fonction de leur degré d'intrusion : le recueil des métadonnées, utilisées à des fins volumétriques ; le suivi des malades par des applications, qui fera l'objet d'une analyse dédiée en raison de son caractère conjoncturel ; et enfin la surveillance des personnes infectées pour s'assurer qu'elles respectent à la lettre les conditions de leur isolement.

---

[4]. Thomas Berns, *Gouverner sans gouverner, une archéologie politique de la statistique*, Presses universitaires de France, 2009.

Le premier étage de la fusée est aussi, c'est somme toute logique, le premier à s'être manifesté dans le temps. Car l'architecture était préexistante. Le 26 mars, invité sur Europe 1, Stéphane Richard, le patron d'Orange, affirme que « près de 20 % des habitants du Grand Paris sont partis » à l'annonce du confinement. Parallèlement, ajoute-t-il, la population de l'île de Ré « a augmenté de 30 % ». Le P-DG du leader hexagonal des télécoms n'est pas subitement devenu cartomancien : vingt millions de Français possédant un forfait mobile chez l'opérateur historique, celui-ci peut les géolocaliser à loisir. Bien sûr, il ne s'agit pas de déterminer au mètre près où se situent les individus, mais de brasser des métadonnées – figurez-vous un horodatage – afin d'affiner le modèle épidémiologique tout en mesurant le respect de notre assignation à résidence momentanée. Dans sa coopération avec Orange, l'Institut national de la santé et de la recherche médicale (Inserm) le précise : il ne s'agit pas « de [s'intéresser] aux déplacements d'un individu particulier, [mais] plutôt d'analyser les données quantitatives anonymisées qui rendent compte de la mobilité entre zones géographiques[5] ».

---

5. « Les statistiques issues du réseau de téléphonies mobiles au service de la lutte contre la pandémie de Covid-19 », communiqué de l'Inserm du 27 mars 2020.

L'initiative n'est pas isolée. Au même moment, pour analyser son trésor de guerre statistique, SFR s'associe à l'Institut national de recherche en informatique et en automatique (Inria), berceau de l'informatique à la française, créé par le général de Gaulle en 1967 dans le cadre du plan Calcul[6]. Dans le but « d'apporter un support à la compréhension des mécanismes de mouvement des populations et d'établir des corrélations avec les risques épidémiologiques sur l'ensemble du territoire », chaque opérateur dispose d'outils inconnus du grand public. Geostatistics (SFR) ou Flux Vision (Orange), pour ne citer qu'eux, archivent ainsi des milliards de localisations, enregistrées et concaténées à chaque fois qu'un téléphone se connecte – on dit qu'il « borne » – à une antenne-relais. Ordinairement commercialisées auprès d'entreprises soucieuses de mieux connaître leur clientèle, ces métriques produisent ici des effets sociopolitiques. Dans les transhumances du début de confinement, après l'intervention de Stéphane Richard, les Franciliens se voient immédiatement coiffés du bonnet d'âne, accusés de disséminer leurs germes aux quatre coins du territoire, infectant les aînés ou menaçant les insulaires. Il convient de préciser que ce modèle, le

---

[6]. Boris Manenti, « SFR partage la géolocalisation de ses abonnés à l'AP-HP et l'Inria », *L'Obs*, 3 avril 2020.

plus respectueux de la vie privée, dépend en grande partie de sa granularité. Plus les données raffinées sont précises, plus le quadrillage géographique est resserré, plus le risque de stigmatisation publique et de délation – ici par les Rétais – augmente. En Corée du Sud, en vertu d'un protocole sanitaire strict mis en place après un épisode de coronavirus en 2015, des messages sont envoyés à la population pour l'informer des dernières contaminations. À la réception du texto, chacun est alors invité à cliquer sur un lien, redirigeant vers la liste des derniers lieux visités par le malade avant son diagnostic ou son hospitalisation, ainsi que d'autres informations personnelles, comme l'âge et le genre. Tout détective à la petite semaine peut alors recomposer l'itinéraire du patient numéroté et, le cas échéant, retrouver son identité, disserter sur ses habitudes alimentaires ou sa vie sexuelle, et s'en ouvrir sur les réseaux sociaux[7]. Afin de protéger nos intimités, il conviendrait donc de rester délibérément imprécis et de s'en tenir à des agrégats grossiers, quitte à voir un peu plus flou. C'est ce qui distingue par exemple l'approche européenne de la doctrine suisse. Quand le commissaire au marché intérieur, Thierry Breton, plaide pour une coopération entre

---

7. Nemo Kim, « "More scary than coronavirus": South Korea's health alerts expose private lives », *The Guardian*, 6 mars 2020.

les principaux opérateurs de l'UE sur le modèle des expérimentations françaises[8], Berne opte pour une autre stratégie, mettant à contribution Swisscom, en partie propriété de l'État, afin de détecter les attroupements potentiels : si plus de 20 téléphones se trouvent dans une zone de 100 m^2, les autorités sont immédiatement avisées[9].

Cette question d'échelle est aussi importante qu'elle est contre-intuitive. Il faut comprendre que la technologie ici mobilisée pour combattre l'épidémie – nous l'avons vu avec Orange et SFR – est d'essence publicitaire. Par conséquent, elle vise structurellement l'exhaustivité et le détail. Et si les poids lourds des télécoms sont tenus à quelques impératifs moraux et juridiques, il n'en va pas de même pour une autre catégorie d'acteurs beaucoup plus invisibles : l'industrie opaque du marketing mobile. Ces courtiers en données, jadis tapis dans l'ombre, viennent désormais orienter les politiques publiques en fournissant gracieusement des informations habituellement monnayées sous le manteau. Après NSO et son score de contagiosité, un autre

---

8. Mark Scott, Laurens Cerulus et Laura Kayali, « Commission tells carriers to hand over mobile data in coronavirus fight », Politico, 23 mars 2020.

9. Anouch Seydtaghia, « Swisscom aidera la Confédération à détecter les attroupements via les téléphones », Le Temps, 25 mars 2020.

maillon de la chaîne surveillante se révèle ici par le truchement d'un état d'urgence technologique qui rend l'encagement observable. Fin mars, on a ainsi pu admirer la dissémination du virus chez les *spring breakers* floridiens grâce à X-Mode, un *data broker* qui organise la prédation de la vie privée de dizaines de millions d'utilisateurs distraits pour construire un modèle économique. En observant les points s'agglomérer sur une plage de Fort Lauderdale dans une visualisation interactive, on se demande comment il est possible de voir tout ça. En l'espèce, grâce au mouchard placé par X-Mode dans les applications préférées des étudiants américains. Revendiquant plus de 400 partenaires filochant quotidiennement plus de 60 millions de personnes avec une précision de 20 mètres, le grossiste aspire les données de géolocalisation de ses victimes modérément consentantes grâce à une ligne de code informatique soigneusement dissimulée. Et si le Covid-19 jette subitement la lumière sur ses activités, X-Mode, comme les myriades d'officines barbotant dans le même marécage, n'a guère d'intérêt pour la santé publique : dans la douleur de la deuxième vague, tel un sous-marin en mer de Barents, la start-up basée à Washington D.C. a refait surface lorsque la presse a révélé que le renseignement militaire américain lui achetait des données de position par brassées, par exemple celles d'une application de prière musulmane téléchargée par près de 100 millions de fidèles[10].

Sur ce segment porteur, la France n'est pas en reste, même si la réglementation plus stricte laisse moins les coudées franches aux intervenants. Début avril, le *Journal du dimanche* se fend d'un « exclusif » majuscule, accusant la population de se relâcher face au confinement, sur la foi de déplacements reconstitués grâce à une application : Covimoov[11]. La Corse et l'Île-de-France ? Disciplinées. Le Cantal, la Manche ou les Ardennes ? Insubordonnés. Les journaux radio et télé reprennent l'information d'une seule voix, mais nul besoin de chercher le sycophante miniature sur l'AppStore. Pour reconstituer le trafic routier, Geo4cast, l'entreprise spécialisée dans la modélisation des flux et des comportements qui a mis au point cet outil, a accès « aux données anonymisées de 3 à 4 millions de personnes », de l'aveu de son patron. Le produit-phare de Geo4cast ? Geo4track, qui promet de « monétiser les données de géolocalisation ». La start-up, partenaire de Télécom ParisTech et de l'École des ponts, possède ainsi quelques partenaires commerciaux de poids : SFR, Bouygues, la SNCF ou le GPS - anciennement avertisseur de

---

10. Joseph Cox, « How the U.S. Military Buys Location Data from Ordinary Apps », Vice, 16 novembre 2020.

11. Solen Cherrier, « Respect du confinement : les Français se relâchent », *Journal du dimanche*, 4 avril 2020.

radar - Coyote. Le mode opératoire est toujours le même : vous téléchargez innocemment une application, et celle-ci moucharde par l'entremise de quelques lignes de code[12]. Avec ici une spécificité : ces données sont utilisées – sans votre accord – pour faire la promotion d'une solution post-confinement qui promet paradoxalement de respecter la vie privée. Alors que la carte de Covimoov ne permet pas de savoir qui part travailler aux aurores ou qui se réfugie dans sa résidence secondaire, dévaluant irrémédiablement la valeur de ses projections, ce *big data* aussi grossier que providentiel n'a pas tardé à produire un discours politique. Prenant appui sur cet Hexagone coloré en nuances de vert, bleu et rouge, le maire de Charleville-Mézières, Boris Ravignon, s'est ainsi empressé de réclamer l'appui de l'armée pour faire rentrer dans le rang ses administrés supposément récalcitrants.

Pourquoi s'inquiéter de la collecte d'informations en temps d'épidémie alors que nous acceptons d'être suivis à la trace en temps normal sur Facebook ou par Google ? Le géographe Boris Beaude répond en partie à cette interrogation, qui paraphrase un argument récurrent du pouvoir pour justifier son immixtion dans les affaires personnelles : « Ce n'est pas avec le

---

12. Dans le jargon, on appelle ceci un kit de développement, ou Software Development Kit (SDK).

numérique que nous avons un problème, mais avec le politique. Lorsque nous acceptons que de telles entreprises collectent les moindres détails de nos existences pour le compte de leurs clients et que nous doutons conjointement des régimes politiques qui nous gouvernent, nous réalisons que les effets de la propagation du SARS-CoV-2 ne sont qu'un révélateur de l'ampleur de notre vulnérabilité[13]. » Il y a dès lors urgence à combattre le sophisme consistant à opposer la curiosité vertueuse de l'État au voyeurisme malsain d'entreprises trop gourmandes. On pourra ainsi arguer que le recours massif et systématique à la donnée signe moins le contrôle – même s'il en souligne la volonté – que la dépossession. Celle-ci est double : l'État, d'abord, dépossédé de la politique et donc de sa capacité à gouverner, comme nous venons de le voir. Le citoyen, ensuite, dépossédé de son autonomie. En ce sens, le flicage horizontal permis par la profusion de chiffres participe de la banalisation, à l'autre bout du spectre, de dispositifs infiniment plus intrusifs et liberticides, obéissant à des logiques purement carcérales. Le 22 mars, Milo Hsieh, un journaliste taïwanais, raconte sa mésaventure sur Twitter : « Mon téléphone, géolocalisé par le gouvernement pour faire respecter la quarantaine,

---

13. Boris Beaude, « Avec votre consentement », *Libération*, 7 avril 2020.

s'est éteint à 7 h 30 ce matin, à court de batterie. À 8 h 15, quatre unités différentes ont essayé de m'appeler. Cinq minutes plus tard, la police frappait à ma porte. » En Pologne, les autorités optent pour une tactique similaire : les personnes placées à l'isolement téléchargent une application qui les oblige à envoyer régulièrement un selfie pour prouver qu'elles sont bien chez elles. Passé un délai de vingt minutes, les forces de l'ordre peuvent débarquer[14]. Karol Manys, le porte-parole du ministère des Affaires numériques, précise que l'outil n'est pas obligatoire, ajoutant que les entêtés devront s'attendre à des visites impromptues de la maréchaussée. Dans ce cas de figure, il ne s'agit plus d'épier les autres, mais de se chaperonner soi-même, dans un mécanisme qui n'est pas sans rappeler celui de l'assignation à résidence, rythmée trois ou quatre fois par jour par la signature d'un registre au commissariat le plus proche. Suivant une logique analogue, d'autres pays optent pour le bracelet électronique, qui transforme lui aussi le prisonnier en gardien. Ici, l'Australie-Occidentale, plus vaste État du pays, vote un texte imposant le port de cette gourmette espionne pour les personnes placées en quarantaine, ajoutant la possibilité d'installer une

---

14. Caitlin O'Kane, « Poland is making quarantined citizens use a selfie app to prove they're staying inside », CBS News, 23 mars 2020.

caméra à leur domicile. Ceux qui refusent risquent la prison[15]. Là, la Corée du Sud l'impose pour immobiliser les petits malins persuadés de déjouer la filature en laissant leur téléphone à la maison[16]. Là encore, plusieurs États américains recourent à la surveillance électronique pour faire respecter le confinement, en sollicitant des entreprises qui équipent d'habitude les justiciables condamnés. Quelques modifications cosmétiques mises à part (le bidule ressemble à une grosse montre connectée), le malade est littéralement traité comme un criminel[17]. Quelques semaines avant l'irruption du Covid-19, lors d'un colloque organisé par le Conservatoire national des arts et métiers (Cnam), le haut fonctionnaire Jean-Marie Delarue prenait justement l'exemple du bracelet électronique pour illustrer l'accoutumance sécuritaire[18]. Rappelant qu'il avait été – en France – légalisé sous un gouvernement de gauche en 1997 et rendu mobile en 2005, l'ancien contrôleur général des lieux de privation de

---

15. *Emergency Management Amendment (COVID-19 Response) Bill 2020*, avril 2020.

16. Bill Bostock, « South Korea launched wristbands for those breaking quarantine because people were leaving their phones at home to trick government tracking apps », Business Insider, 11 avril 2020.

17. Raphael Satter, « To keep COVID-19 patients home, some U.S. states weigh house arrest tech », Reuters, 7 mai 2020.

18. « Nouveaux dissidents, nouveaux résistants, défendre les libertés publiques », 20 janvier 2020.

liberté précisait qu'il avait d'abord été réservé aux grands criminels, avant d'être « demain attaché aux malades de démence sénile ». Ou aux victimes du coronavirus. Comment, face à ces mesures extrêmes, ne pas penser au « continuum carcéral » de Michel Foucault, « qui diffuse les techniques pénitentiaires jusqu'aux plus innocentes disciplines [...] et fait peser sur la plus petite déviation la menace de la délinquance[19] ». Illustration effroyable et parfaite en Italie, à Varèse, au cœur de la Lombardie, où 150 enfants d'une école maternelle expérimentent des bracelets électroniques à leur taille, qui vibrent si la distanciation sociale n'est pas respectée. « Ce sera comme un jeu pour eux », assure le directeur de l'établissement accueillant les bambins, tandis que l'idée s'exporte : en France, nous apprend encore l'ANSA, la principale agence de presse italienne, « la garderie d'entreprise d'une grande marque automobile en a déjà commandé des centaines d'autres ».

Il y a une application pour ça

Puisque la surveillance électronique est indispensable pour contrôler tous les corps à la fois, se fait sentir dès le mois de mars la nécessité d'une voie

---

19. Michel Foucault, *Surveiller et punir, op. cit.*

médiane, qui permette aux gouvernements de suivre des individus plutôt que des flux, sans pour autant attenter à leurs libertés les plus fondamentales. C'est le principe d'une bonne filature : pour qu'elle soit réussie, il ne faut ni trop s'approcher ni trop s'éloigner de la cible. Et dans le cas du Covid-19, pour ajuster la distance, il est indispensable de distinguer les individus sains de ceux qui sont infectés. En ce sens, le développement des applications de suivi des malades dont il est ici question ne saurait être décorrélé d'une politique de tests à grande échelle. Dès le 21 mars, Olivier Véran, le ministre des Solidarités et de la Santé, indique que la France doit « se préparer à faire évoluer rapidement sa stratégie [en la matière] ». Celle-ci pourrait se résumer en 3T : tester, tracer, traiter. Un sabir inconnu et barbare fait alors irruption dans le débat public. Dans les journaux, à la télévision ou au café du commerce, on se met à parler de *backtracking*, de *contact tracing*. Les regards se tournent vers la Corée du Sud où, en appui d'un dépistage massif, le ministère de l'Intérieur a déployé une application afin de piloter la quarantaine des personnes contaminées et celle des personnes qui auraient pu être en contact avec elles. Grâce à cette approche intrusive, mais ciblée, le pays a par exemple identifié la patiente 31, qui aurait à elle seule infecté 1 160 personnes début février, entre un office religieux à Daegu et un buffet d'hôtel surpeuplé[20]. En Europe, aux premières heures du confinement, des chercheurs d'Oxford assurent avoir modélisé un algorithme « très simple » pour pister le virus « tout en minimisant l'impact social et économique ». Dans un document de travail, ils expliquent « simuler des scénarios pour déterminer combien de personnes devraient être confinées en comparaison d'autres approches[21] ». Ces chercheurs précisent encore que cet outil « peut être adapté à des zones spécifiques, pour les mettre en quarantaine si les infections sont hors de contrôle, ou pour étendre le champ des personnes en contact avec une personne infectée ». Un degré de séparation ? Deux ? Trois ? Prenant pour référence l'exemple chinois et son code couleur régulant la circulation des individus dans l'espace, les chercheurs britanniques préconisent une « adaptation locale plus transparente » capable « de remplacer des semaines de traçage manuel par un signal instantanément transmis à un serveur central[22] ». Et ce « simple algorithme » de devenir un diaphragme universel.

---

20. Marco Hernandez, Simon Scarr et Manas Sharma, « The Korean Clusters », Reuters, 20 mars 2020.

21. David Bonsall, Michael Parker et Christophe Fraser, « Sustainable containment of Covid-19 using smartphones in China : Scientific and ethicals underpinnings for implementation of similar approaches in other settings », 16 mars 2020.

22. *Ibid.*

Tracer, traquer

Pendant longtemps, on pourrait même dire jusqu'à la pandémie de Covid-19, le *contact tracing* a été une tâche purement analogique et fastidieuse, réalisée sur le terrain par des personnels formés. C'est un travail humain qui nécessite ressources, méthode et empathie. Avec l'avènement de la bactériologie à la fin du XIXe siècle, le Royaume-Uni fut l'un des précurseurs de cette surveillance sanitaire, déployant une première architecture d'identification des cas, de notification et d'isolement. Autour de 1900, le pays comptait environ 1 400 inspecteurs, chargés de rendre visite aux habitants frappés par la variole, la tuberculose ou la scarlatine, d'organiser leur placement dans un milieu stérile et de remonter les chaînes de contamination. Ainsi que le formule l'historien de la médecine Graham Mooney, ils devaient « cultiver un art de la persuasion » pour convaincre les malades de se retirer momentanément du monde social[23]. L'exemple le plus spectaculaire des effets de cette recherche de contacts s'appelle Mary Mallon, alias « *Typhoid Mary* ». À l'été 1906, alors qu'elle occupe un poste de cuisinière pour le compte d'une riche famille new-yorkaise, l'un des membres de celle-ci tombe malade de la typhoïde. Un médecin est chargé d'iden-

---

[23]. Graham Mooney, « "A Menace to the Public Health" – Contact Tracing and the Limits of Persuasion », *The New England Journal of Medicine*, 5 novembre 2020.

tifier la personne responsable de la transmission. Il découvre alors que partout où elle a exercé son métier, Mary Mallon, fringante Nord-Irlandaise de 37 ans, des cas analogues ont été répertoriés. Elle se défend, répète qu'elle n'a jamais été malade. Identifiée, hospitalisée de force pour des analyses, « *Typhoid Mary* » est finalement diagnostiquée porteuse – saine – du bacille d'Eberth. Après avoir causé l'infection d'une cinquantaine de personnes, dont trois sont mortes, traitée de sorcière, elle est finalement placée à l'isolement au Riverside Hospital de North Brother Island, une petite île au large de New York, située entre le Bronx et Rikers Island, célèbre pour sa prison. Elle y mourra d'une crise cardiaque, après plus de trente années de quarantaine[24].

Un siècle plus tard, si les ordinateurs sont venus offrir leur assistance, le mode opératoire du *contact tracing* reste globalement identique. Et pose les mêmes questions, avec un peu plus d'intensité : comment faire preuve d'empathie quand tout est informatisé ? Quand tous les constitutionnalistes de la planète s'avancent en *terra incognita*, comment trouver un modèle sanitaire cohérent qui respecte les droits fondamentaux ? Pour le mathématicien Paul-Olivier Dehaye, fonda-

---

24. « Typhoid Mary Dies of a Stroke at 68; Carrier of Disease, Blamed for 51 Cases and 3 Deaths, but She Was Held Immune Services This Morning Epidemic Is Traced », *The New York Times*, 12 novembre 1938.

teur – ça peut sembler paradoxal – de personaldata.io, une plateforme destinée à réarmer les citoyens face au capitalisme de surveillance, « le traçage semble inévitable pour sortir de la crise sanitaire[25] ». Très tôt, celui qui a contribué à révéler le scandale Cambridge Analytica milite pour une application sur laquelle des cobayes volontaires partageraient leur géolocalisation ou leurs symptômes avec une équipe de chercheurs et les autorités, sur le modèle de FluPhone, un outil mis au point à Cambridge en 2011 pour lutter contre la grippe. Partisan d'un flicage ciblé plutôt que d'une surveillance de masse, Dehaye pose une colle : au fond, quelle est la différence entre ces deux modèles ? À quel moment le flicage ciblé devient-il surveillance de masse ? « Nous devons trouver l'équilibre entre la santé publique et la vie privée pour ces réseaux de gens que nous aurons besoin de suivre », renchérit encore l'éthicien Michele Loi. « Quelle que soit la solution retenue, celle-ci provoquera des dilemmes éthiques : par exemple, que se passera-t-il si les autorités doivent surveiller le comportement d'individus qui ont des aventures extra-conjugales ? Quand bien même ces mesures n'affecteraient que 20 % de la population, cela représente des millions de personnes[26]. » L'enjeu est de taille, peut-être même inédit. Puisque « nous

---

25. Entretien avec l'auteur.
26. Entretien avec l'auteur.

sommes confrontés à la plus grande menace sur les libertés de notre génération », comme le formule Michele Loi, le virus bouleverse les normes, fait sauter les verrous juridiques et culturels, à commencer par la vie privée et le secret médical, deux valeurs aussi récentes qu'elles sont fragiles : en 1916, le *New York Times* publiait en pages intérieures le nom et l'adresse des personnes infectées par la polio. Imaginez qu'une telle chose se produise un siècle plus tard, en tenant compte de la caisse de résonance des réseaux sociaux.

Si le traçage est affaire de persuasion, comme le soulignait Mooney, c'est qu'il repose sur la confiance. Il fallait convaincre hier des tuberculeux de s'isoler ; il faut aujourd'hui inciter tout un chacun à embrasser le suivi numérique de ses contacts et la reconstitution mathématique de ses interactions humaines. Si elle répond à une urgence, celle du diagnostic et du recensement des cas positifs au Covid-19, cette stratégie nécessite une foi collective tant dans la technologie que dans la puissance publique et les entreprises qui la mettent en œuvre. En d'autres termes, il faut emporter l'adhésion de la population : ou la stase du confinement, ou la remise en circulation des corps assortie de mesures de surveillance individuelles. Alors même que l'état d'urgence technologique met en lumière la fracture entre un État affaibli et ses administrés, la tâche semble herculéenne, pour ne pas dire insurmontable. Le 20 mars, Jean-François

Delfraissy, le président du conseil scientifique, résume assez bien ce pacte et l'équilibre impossible à atteindre dans une démocratie : « La question est évidemment ensuite comment sortir du confinement [...]. Parmi les stratégies envisageables, il y a celle qu'a appliquée la Corée du Sud. Elle associe une très large quantité de tests et un suivi des personnes testées positives en ayant recours à une application numérique permettant de tracer les individus, ce qui représente une atteinte aux libertés[27]. » Là-bas, après leur humiliation publique, une étudiante et sa mère ont été poursuivies par le gouverneur de la province de Jeju, coupables d'avoir par leur imprudence provoqué la fermeture de 20 commerces et la quarantaine de 96 personnes[28]. Cette négociation est également assumée par les chercheurs d'Oxford. « Le choix réside entre le confinement et ce suivi de contacts par téléphone », écrivent-ils, en affirmant qu'au-delà d'un seuil de 60 % d'installations de l'application, l'épidémie pourrait être jugulée[29]. Encore

---

27. Paul Benkimoun et Chloé Hecketsweiler, « Jean-François Delfraissy : "Nous avons une vision à quatre semaines" », *Le Monde*, 20 mars 2020.

28. Jean H. Lee, « Using tech to fight the virus: How much privacy are South Koreans relinquishing in the battle against COVID-19? », Wilson Center, 20 avril 2020.

29. David Larousserie et Martin Untersinger, « Smartphones, applis... les défis du pistage massif pour lutter contre la pandémie », *Le Monde*, 5 avril 2020.

faut-il la passer aux tamis de Socrate : ce contrat social est-il vrai, bon et utile ? Hélas, l'urgence de la situation offre un terrain très favorable à une fuite en avant technologique, empreinte de solutionnisme[30], et le milieu académique argue que le virus progresse trop vite pour garantir un suivi humain[31]. Mais comment convaincre sans la médiation du langage ? Dès les premières discussions, une série de garde-fous techniques et éthiques sont imaginés pour pallier cette carence. D'une, un tel dispositif ne doit pas être obligatoire ; de deux, il doit reposer sur un horodatage par Bluetooth, à la fois plus précis que le GPS et plus respectueux des libertés[32]. Aléatoire aussi : sensible à l'épaisseur des murs ou à l'inclinaison d'un téléphone dans une poche, il est notoi-

---

30. La notion de « solutionnisme technologique » a été forgée par l'intellectuel biélorusse Evgeny Morozov dans son essai *Pour tout résoudre, cliquez ici* (Fyp, 2013 pour la traduction française).

31. Luca Ferretti *et al.*, « Quantifying SARS-CoV-2 transmission suggests epidemic control with digital contact tracing », *Science*, 8 mai 2020.

32. Ce qui reste à démontrer : le laboratoire de recherche de l'armée de l'air américaine teste un logiciel qui permet de transformer des millions de téléphones en mouchards, capables de détecter tous les objets connectés autour d'eux en Bluetooth, « qu'il s'agisse d'un Fitbit ou d'une Tesla ». Lire Byron Tau, « Next Step in Government Data Tracking Is the Internet of Things », *The Wall Street Journal*, 27 novembre 2020.

rement capricieux[33]. Une fois l'application installée, chaque appareil génère un identifiant aléatoire. Si un utilisateur est diagnostiqué positif, toutes les personnes qui l'ont croisé sont notifiées, sans qu'aucune identité ne soit jamais dévoilée. Ce n'est pas l'endroit où vous êtes qui compte, c'est la proximité avec vos congénères.

Présenté comme une politique du moindre mal – c'est ça ou le contrôle policier –, le *contact tracing* numérique s'est vite matérialisé dans des applications nationales. À ce titre, Singapour est un cas d'étude particulièrement intéressant. Véritable showroom de la ville sécuritaire de demain, cité-État constellée de capteurs, le pays présente un profil idéal[34]. Territoire du futur proche, d'une surface d'environ 720 km^2, c'est d'ailleurs l'un des premiers à déployer son application, baptisée TraceTogether, fin mars. En trois jours, 620 000 habitants, environ 10 % de la population, la téléchargent. Son code source est offert aux développeurs du monde entier. Grâce à elle, les autorités peuvent théoriquement identifier toute personne ayant été à moins de deux mètres d'une personne infectée pendant au moins trente

---

33. Patrick Howell O'Neill, « Bluetooth contact tracing needs bigger, better data », *MIT Technology Review*, 22 avril 2020.
34. Linda Poon, « Singapore, City of Sensors », Bloomberg CityLab, 21 avril 2017.

minutes[35]. Mais le taux d'installation reste insuffisant, bien en deçà des 75 % visés par le gouvernement, et l'épidémie gagne du terrain. Début avril, le Premier ministre singapourien, Lee Hsien Loong, annonce un *« circuit breaker »*, l'appellation locale du confinement, alors même que TraceTogether était censé l'éviter. Quelques semaines plus tard, en annonçant sa prorogation, il explique que pour en sortir, « tout le monde devra coopérer, en installant les applications du gouvernement[36] ». Dans un billet publié sur Internet, le directeur technique de l'application est particulièrement sévère et désabusé : « Si vous me demandez si un système de *contact tracing* par Bluetooth peut remplacer le *contact tracing* humain, je répondrai sans réserve que non[37]. » Soulignant qu'un tel outil sait détecter un contact, mais pas son environnement (pourtant crucial dans la compréhension des chaînes de contamination), il fustige le « triomphalisme technologique » et l'« *hubris* » qui lui est associée. Dans ces conditions, le marchandage a tôt fait de muer en jeu de dupes, renforcé par un changement de braquet. Devant l'échec du téléchargement

---

35. Hariz Baharudin, « Coronavirus: Singapore Government to make its contact-tracing app freely available to developers worldwide », *The Straits Times*, 23 mars 2020.

36. Dans une allocution le 21 avril 2020.

37. Jason Bay, « Automated contact tracing is not a coronavirus panacea », Medium, 11 avril 2020.

volontaire, Singapour décide début mai d'obliger ses ressortissants à scanner un QR code avant d'entrer dans un bâtiment public. Avec ce nouveau système, autoritairement baptisé SafeEntry (entrée sûre), la promesse d'anonymat vole en éclats : le nom et le numéro de téléphone sont collectés par le gouvernement[38]. Le consentement, lui, est arraché. De plus, en novembre, le gouvernement singapourien décide de rendre TraceTogether obligatoire[39]. Sans l'application, impossible d'accéder à un lieu recevant du public, qu'il s'agisse d'un parc ou d'un restaurant. Avant que le ministère de l'Intérieur ne décide, en janvier, d'autoriser l'exploitation des données de l'application à des fins d'enquêtes criminelles, illustrant une fois de plus les dangers de l'effet cliquet[40].

Symptôme de cette urgence technologique qui semble ne s'intéresser qu'à la dimension symbolique du pouvoir sans se préoccuper d'une quelconque efficacité (en l'espèce, sanitaire), TraceTogether et ses émanations vont pourtant faire des petits. Jonathan

---

[38]. Anouch Seydtaghia, « À Singapour, le traçage par app dégénère en surveillance de masse », *Le Temps*, 6 mai 2020.

[39]. Bobbie Johnson, « Some prominent exposure apps are slowly rolling back freedoms », *MIT Technology Review*, 23 novembre 2020.

[40]. Matthew Mohan, « Singapore Police Force can obtain TraceTogether data for criminal investigations », Channel News Asia, 4 janvier 2021

Albright, chercheur à l'université de Columbia, a ainsi recensé, fin octobre 2020, pas moins de 493 applications de *contact tracing* dans 98 pays, de l'Angola au Vietnam[41]. Partout, des gouvernements pressés construisent à la hâte des gadgets performatifs, ne considérant que le seul nombre d'installations, comme si le moindre centile d'un taux de pénétration faisait reculer d'autant le virus. Près de vingt millions de téléchargements en Allemagne, autour de dix au Royaume-Uni et en France – nous y reviendrons – pour combien de cas détectés ? Outre-Rhin, après les premières rodomontades, les autorités sont progressivement devenues plus discrètes sur le nombre de notifications envoyées par la Corona-Warn-App. En septembre, l'Institut Robert-Koch estimait qu'un peu plus de 3 000 utilisateurs s'étaient signalés positifs, pour plus de 260 000 cas recensés depuis le début de l'épidémie, soit à peine plus de 1 %. D'autres interrogations restent en suspens, du nombre de suppressions de l'application à la part d'individus activant le Bluetooth nécessaire au traçage[42]. Selon les comptes d'apothicaire du *Süddeutsche Zeitung*, « même si 10 %

---

[41]. Jonathan Albright, « The Pandemic App Ecosystem: Investigating 493 Covid-Related iOS Apps across 98 Countries », d1gi.medium, 28 octobre 2020.

[42]. Thomas Wieder, « En Allemagne, le succès en trompe-l'œil de l'appli Corona-Warn-App contre le Covid-19 », *Le Monde*, 15 septembre 2020.

des personnes contaminées entraient dans l'application le résultat de leur test, et que la même proportion d'Allemands utilisait cette application, une alerte ne serait envoyée que dans 1 % des rencontres avec un cas contact[43] ». Éléments aussi stables qu'opaques de la politique sanitaire des gouvernements, ces outils dépendent en outre de la solidité des systèmes mitoyens. Ainsi, au Royaume-Uni, 16 000 cas positifs ont été oubliés, car le rudimentaire tableur Excel utilisé pour les comptabiliser avait atteint ses limites[44]. Tout ceci pourrait rester folklorique si les mouvements tectoniques induits par ces gadgets incertains n'entraînaient pas de conséquences sournoises, qu'on n'oserait qualifier de singapouriennes. Obsédées par la diffusion de leurs applications, les autorités recourent de manière exponentielle à des mécanismes de gratification et de contreparties. Ce faisant, ils ne violent pas la vie privée des citoyens, mais organisent une discrimination entre ceux qui coopèrent et les autres. En Allemagne encore, le Land de Rhénanie-du-Nord-Westphalie, le plus peuplé et le plus puissant économiquement (il abrite près du quart de la population du pays), a proposé au mois

---

43. Karoline Meta Beisel, Simon Hurtz, Christina Kunkel et Sören Müller-Hansen, « Ob das wirklich was bringt ? », *Süddeutsche Zeitung*, 3 septembre 2020.

44. Alex Hern, « Covid: how Excel may have caused loss of 16,000 test results in England », *The Guardian*, 6 octobre 2020.

de novembre d'offrir aux détenteurs de la Corona-Warn-App la possibilité d'être prioritaires lorsqu'ils vont faire leurs courses[45]. Ou demain, lorsqu'ils iront se faire tester ? Et, en étant maximaliste ou provocateur, après-demain, lorsqu'ils devront être admis en réanimation ? En Italie, Immuni, la solution nationale, fruit d'un partenariat public-privé largement contesté par les défenseurs des libertés publiques, a suscité une autre typologie d'inégalités. En apprenant que sa région avait été sélectionnée pour la tester en juin, l'une des vice-présidentes de Ligurie s'est emportée : « Pourquoi donc ce ne sont pas les régions de gauche, du Latium (Rome) et d'Émilie-Romagne (Bologne) qui se portent candidates pour tester cette application décidée par leur gouvernement de centre gauche et populiste[46] ? » En outre, Immuni, présenté comme « un pilier important dans la gestion de la phase 2 » a également été expérimenté chez Ferrari. Le constructeur automobile, qui en a fait la condition *sine qua non* d'une reprise de l'activité économique[47], l'a éprouvée sur ses 4 000 salariés-cobayes, embar-

---

45. « Give the coronavirus app bonus benefits to increase downloads, German state says », Reuters, 24 novembre 2020.
46. « Coronavirus : en Italie, le difficile départ de "Immuni", équivalent de notre application StopCovid », France 3 Auvergne Rhône-Alpes, 4 juin 2020.
47. Le programme a été baptisé « Back on track », littéralement « retour sur les rails ».

Tracer, traquer

quant de surcroît un passeport sanitaire contenant leurs antécédents médicaux et laissant craindre une privatisation croissante du contrôle[48].

En réalité, sous leur apparente innocuité, ces applications et l'illusion de volontariat qu'elles véhiculent sont déjà responsables d'une accoutumance qui risque d'accélérer d'inquiétantes ruptures éthiques dans notre rapport à la technologie[49]. Non seulement le consentement n'est plus libre dès lors qu'il est récompensé, mais il lui arrive d'être complètement court-circuité : en Australie, selon un rapport officiel, les services de renseignement ont « incidemment » collecté les données de COVIDSafe, l'application lancée par le gouvernement[50]. Le tout pendant six mois, alors même que le pays fait partie des Five Eyes[51]. Signe de cette addiction qui ne dit pas son nom, on peut déjà observer une mutation du langage. Ainsi, aux États-Unis, dans le sillage des manifestations consécutives à la mort de George Floyd en

---

48. Alessandra Testa, « L'app Immuni alla prova sui dipendenti della Ferrari », *Corriere Della Serra*, 18 avril 2020.

49. Lire à ce sujet notre développement sur les nouvelles classes dangereuses.

50. Inspector-General of Intelligence and Security, rapport du 16 novembre 2020.

51. Cette alliance de services de renseignement rassemble les États-Unis, le Royaume-Uni, le Canada, l'Australie et la Nouvelle-Zélande, qui s'engagent à ce titre à partager leurs informations.

mai, assassiné par les forces de l'ordre, le chef de la sécurité publique du Minnesota s'est félicité de l'arrestation d'éléments perturbateurs grâce au *contact tracing*[52]. Aussi abusif soit-il, l'emploi de cette expression traduit une fois de plus la proximité du risque policier dans le cadre de la surveillance sanitaire. La mairie de New York ne s'y est d'ailleurs pas trompée, en enjoignant à ses brigades sanitaires, chargées de réaliser les enquêtes de voisinage, autrement dit le suivi de contacts humains, de ne pas demander aux personnes testées positives si elles avaient ou non participé à une manifestation du mouvement Black Lives Matter[53]. Et si, à l'avenir, un préfet un peu trop martial décidait d'obliger les protestataires de tout poil à s'enregistrer via leur smartphone avant de brandir leurs pancartes dans les rues ?

---

52. Sara Morrison, « Minnesota law enforcement isn't "contact tracing" protesters, despite an official's comment », Vox, 1er juin 2020.

53. Greg B. Smith, « NYC COVID-19 Contact Tracers Not Asking About George Floyd Protest Participation, Despite Fears of New Virus Wave », The City, 14 juin 2020.

Une brève histoire de TousAntiCovid

En France, le traçage est d'abord repoussé. Le 27 mars, interrogé au journal télévisé de France 2, le ministre de l'Intérieur, Christophe Castaner, balaye l'hypothèse d'un revers de la main : « Ça n'est pas notre souhait, nous n'y travaillons pas. [...] Ce n'est pas la culture française et je fais confiance aux Français pour que nous n'ayons pas besoin de mettre en place ces systèmes qui atteignent la liberté individuelle de chacun. » Pourtant, une semaine plus tard, questionné dans des conditions rigoureusement identiques, le même Castaner change de ton. « [S'il permet] de lutter contre le virus et s'il respecte nos libertés, ce sera un outil retenu et soutenu », clame-t-il en préparant le terrain pour une application made in France. En réalité, cette digue n'a jamais vraiment existé. Le 24 mars, sept jours après le début du premier confinement, l'Élysée installe un Comité analyse, recherche et expertise (CARE) de douze chercheurs, chargé d'accompagner la réflexion des autorités « sur l'opportunité de la mise en place d'une stratégie numérique d'identification des personnes ayant été au contact de personnes infectées ». Placé sous la direction de la virologue et prix Nobel Françoise Barré-Sinoussi, célèbre pour sa participation à la découverte du VIH, ce collège d'experts hétéroclite est composé d'infectiologues, d'immunologistes, mais également d'un anthropologue et d'un membre du Commissariat à l'énergie atomique[54]. Dès le 31 mars, le gouvernement commence à plancher sur un projet d'application afin de freiner la progression du virus[55]. Trois jours plus tard, une mission informelle est même confiée à Aymeril Hoang, ancien directeur de cabinet de Mounir Mahjoubi lorsque celui-ci occupait le poste de secrétaire d'État chargé du Numérique. L'ex-responsable de l'innovation du groupe Société Générale est nommé au conseil scientifique en qualité d'« expert du numérique ».

Rapidement, les premières tensions politiques apparaissent, jusqu'au sein de la majorité. Pierre Person, député de Paris et numéro 2 de La République en marche, s'oppose vigoureusement au traçage. « Que des dirigeants au centre de l'échiquier politique ouvrent cette brèche alors qu'elle peut conduire à une accoutumance de nos sociétés à des régimes illibéraux contrevient à ce que nous sommes », juge-t-il sévèrement[56]. « Faire croire aux Français qu'il pourrait y avoir un *tracking* vertueux

---

54. La liste complète est disponible sur le site du ministère de l'Enseignement supérieur et de la Recherche.

55. Sébastien Dumoulin, « Coronavirus : le gouvernement prépare une application mobile pour enrayer l'épidémie », *Les Échos,* 31 mars 2020.

56. Sébastien Tronche, « Covid-19 : le tracking fracture la majorité », *Libération,* 7 avril 2020.

est, de mon point de vue, un mensonge », renchérit son collègue Sacha Houlié[57]. Dans une tribune signée par quinze parlementaires, Paula Forteza, qui a quitté les bancs de la majorité, démontre un certain sens de la formule : « Nous avons besoin d'un dépistage massif, pas d'un pistage massif[58]. » Simultanément, dans une interview au *Monde*, le ministre de la Santé, Olivier Véran, et le secrétaire d'État chargé du Numérique, Cédric O, annoncent officiellement StopCovid, « une brique technologique incertaine » qui doit offrir une possibilité de plus à la France de combattre l'épisode pandémique[59]. « Il faut se garder du fantasme d'une application liberticide », tempère Cédric O. Et d'ajouter : « Il faut se garder aussi d'un fantasme opposé, celui de l'application magique qui permettrait de tout résoudre. » Puisqu'il ne s'agit pas de savoir dans quel supermarché vous avez fait vos courses, mais de déterminer si vous avez pu croiser des personnes malades au rayon fruits et légumes,

---

57. « Le député En marche Sacha Houlié : "Tracking, géolocalisation, pourquoi je suis contre" », *Journal du dimanche*, 7 avril 2020.

58. « Nous avons besoin d'un dépistage massif, pas d'un pistage massif », FigaroVox, 8 avril 2020.

59. Martin Untersinger, Chloé Hecketsweiler, François Béguin et Olivier Faye, « "L'application StopCovid retracera l'historique des relations sociales" : les pistes du gouvernement pour le traçage numérique des malades », *Le Monde*, 8 avril 2020.

c'est l'option technique du Bluetooth qui est retenue. Le 15 avril, lors de son audition par le Sénat, Aymeril Hoang suit le cap fixé par le gouvernement et estime que la détection des cas contacts est « un trou dans la raquette ». Passant en revue les solutions privilégiées à l'étranger, il évoque pêle-mêle la Chine, Israël ou la Corée, mais se tient à distance des stratégies optant pour « un monitoring très intrusif ». Singapour est citée en exemple ; il s'agirait de « la solution la plus minimaliste et proportionnée possible ». Ce que Hoang ne dit pas, c'est que là-bas, nous l'avons vu, l'application TraceTogether n'a pas empêché le durcissement des mesures privatives de liberté. Pire, on peut même penser qu'elle les a précipitées, en devenant obligatoire et policière.

La ligne de crête est d'autant plus difficile à atteindre que le gouvernement se drape dans un souverainisme buté. Outre la question de l'application elle-même, c'est celle de son protocole qui anime la communauté scientifique. Ici, deux modèles s'affrontent : centralisé ou décentralisé. Dans le premier, une autorité centrale possède les clés de déchiffrement nécessaires à l'identification des utilisateurs infectés, qui reçoivent une simple alerte, sans plus d'informations ; dans le second, les données plus nombreuses, puisqu'il faut compiler tous les identifiants rencontrés dans l'espace public, sont stockées sur le téléphone. Alors qu'Apple et Google, incontournables péages, privilégient la seconde option, la France s'en tient à ROBERT, un protocole « centralisé-décentralisé » bâti par les ingénieurs de l'Inria. Celui-ci empêcherait théoriquement quiconque de retrouver une personne contaminée en retraçant son itinéraire. L'affrontement entre l'État et les oligopoles numériques n'est pas dénué d'intérêt. Il pose même une question cruciale : à qui s'en remet-on pour calculer un score de risque, un indice d'exposition au virus ? Aux autorités ou aux têtes de pont du capitalisme de surveillance ? La réponse n'est pas neutre ; elle fixe les contours d'une politique sanitaire. Dans son sixième avis, daté du 20 avril, le conseil scientifique s'inquiète d'ailleurs d'une irruption du marché dans la gestion de la crise, en visant Apple et Google sans les nommer : « À une régulation nationale peuvent succéder des logiques plus internationales susceptibles d'échapper aux logiques de souveraineté ; à une dominante publique garante d'un haut degré de solidarité, peuvent être associées des finalités commerciales associées au numérique dans des proportions inédites ; à une organisation à dominante professionnelle et institutionnelle, peuvent succéder des logiques industrielles remodelant des activités de soin. » Et tandis que le président dudit conseil, Jean-François Delfraissy, insiste sur la nécessité d'une « harmonisation européenne » des efforts de *contact tracing* numérique, la France fait cavalier seul.

L'affaire devient une opportunité pour démontrer le savoir-faire hexagonal. Six entreprises sont ainsi enrôlées pour montrer leur compétence en un temps record, comme s'il s'agissait de lancer un nouveau programme spatial. Parmi elles, quelques fleurons, comme Orange, Dassault ou Capgemini[60]. Le 27 mai, dans l'hémicycle du Palais-Bourbon, dans le cadre du débat parlementaire, Cédric O invoque la dissuasion nucléaire, Louis Pasteur et « le goût du panache français » pour justifier StopCovid, « un projet emblématique de ce que savent faire les chercheurs, les industriels et les entrepreneurs français ». Le ministre a beau répéter que « ce n'est pas une coquetterie », cette position de principe ressemble fort à un péché d'orgueil. Après quelques références faciles à Orwell ou Huxley, il est finalement adopté par l'Assemblée nationale, par 338 voix contre 215. Au cœur de l'appareil d'État, on murmure que le Premier ministre, Édouard Philippe, n'en veut pas, et que le ministre de la Santé, Olivier Véran, n'est pas convaincu. Pour preuve, le ministère de la Santé s'est tenu à distance respectable d'un projet qu'il aurait

---

60. Florian Debès et Raphaël Balenieri, « Coronavirus : la tech française veut apporter sa pierre à l'appli StopCovid », *Les Échos*, 15 avril 2020.

pourtant dû porter à bout de bras. Dans ces pudeurs exécutives se révèle la véritable nature de StopCovid : il s'agit moins d'un outil de politique sanitaire que d'une opération de communication à 300 000 euros par mois[61]. Jean-François Delfraissy rappelle d'ailleurs l'évidence devant le Sénat : « La Corée du Sud a une armada de 20 000 personnes pour suivre les cas contacts. On n'a pas ça en France. Sans cette brigade, ça ne marchera pas. » Et tandis qu'on mobilise les parlementaires pour s'écharper sur une application hasardeuse, rien ou presque n'est dit au sujet de ces brigades, chargées du *contact tracing* à l'ancienne, qu'il faut former et équiper pour briser les chaînes de transmission du virus.

Trois mois après son lancement, après avoir été téléchargé un peu plus de deux millions de fois (ce qui représente moins de 3 % de la population), StopCovid n'a émis que 200 notifications. Sur la même période, plus de 600 000 cas contacts ont été identifiés par les enquêteurs des agences régionales de santé et des caisses d'assurance maladie[62]. Devant cet échec flagrant, le gouvernement envisage

---

61. C'est le coût de maintenance de l'application, cf. Boris Manenti, « StopCovid, une application au coût salé », *L'Obs*, 2 juin 2020.

62. Selon l'étude d'impact du projet de loi prorogeant le régime transitoire institué à la sortie de l'état d'urgence sanitaire, 15 septembre 2020.

un instant – et contre les recommandations initiales de la CNIL[63] – d'offrir aux personnes équipées de l'application un accès prioritaire aux précieux tests, alors que les files d'attente s'allongent devant les laboratoires et les barnums[64]. Et quand se profile la deuxième vague, Cédric O affirme que StopCovid « peut éviter le reconfinement[65] ». Emmanuel Macron en personne y va de son euphémisme, déjà passé à la postérité. Il ne faut pas dire que l'application est un échec ; « ça n'a pas marché », soutient-il simplement lors d'une interview à l'Élysée le 14 octobre, annonçant par la même occasion le lancement d'une nouvelle mouture, baptisée TousAntiCovid. Bien aidé par une refonte qui permet de consulter les chiffres-clés de l'épidémie ou d'éditer facilement son attestation de sortie, le nombre de téléchargements bondit enfin, sans que les doutes sur l'utilité réelle du dispositif soient levés[66]. Érigé en mètre étalon de son efficacité, le taux d'ins-

---

63. Dans un avis du 26 avril, la CNIL avait rappelé que la non-utilisation de StopCovid ne pouvait pas entraîner de « conséquence négative » ou « conditionner l'accès à certains services ».

64. Matthieu Deprieck, « Pour se faire tester plus vite, faudra-t-il installer l'application StopCovid ? », *L'Opinion*, 15 septembre 2020.

65. Sur Europe 1 le 29 septembre 2020.

66. 10 millions fin novembre, pour 14 000 notifications envoyées.

tallation en vient à obérer la stratégie sanitaire. Illustration de cette obsession maladive de croissance, le 27 novembre, un arrêté publié au *Journal officiel* vient modifier discrètement les paramètres de l'application. Alors que celle-ci fixait jusqu'ici le seuil du risque à un contact à moins d'un mètre pendant quinze minutes, il suffira dorénavant de deux mètres ou de cinq minutes, changeant ainsi la définition même d'un cas contact[67]. Tant pis pour les faux positifs en cascade et les effets de bord non maîtrisés. Inutile quand la situation s'améliore, inefficace quand elle se détériore trop, cet équivalent contemporain de la clochette avertissant du passage des lépreux produit chez nous les mêmes effets délétères que chez nos voisins. Et coalise contre lui des voix alarmistes. « Compte tenu du manque de preuves au sujet de leur efficacité, les promesses valent-elles les risques sociaux et juridiques ? » se demande le Conseil de l'Europe[68] ; dans son bulletin de veille, le Comité consultatif national d'éthique s'inquiète des effets d'une application de suivi des malades, pointant les risques de discrimi-

---

67. « Arrêté du 27 novembre 2020 modifiant l'arrêté du 30 mai 2020 définissant les critères de distance et de durée du contact au regard du risque de contamination par le virus du Covid-19 pour le fonctionnement du traitement de données dénommé "StopCovid" ».

68. Dans une déclaration du 28 avril 2020.

nation, de stigmatisation, d'arbitraire et d'extension du contrôle social par les pouvoirs publics ou les acteurs privés[69] ; la Quadrature du Net, association historique de défense des libertés numériques, dénonce « un sentiment de sécurité illusoire », « une mesure liberticide prise en urgence » ainsi qu'« une accoutumance techno-sécuritaire » ; à l'aide d'une quinzaine d'exemples, une quinzaine de chercheurs, dont la moitié de l'Inria, pourtant à l'origine du projet, souligne l'impossibilité d'un anonymat réel, pourtant présenté comme la pierre angulaire de l'application[70] ; et dans une lettre de mise en garde, plus de 300 chercheurs en informatique et cryptologues tirent la sonnette d'alarme contre « toutes ces applications [qui] induisent des risques très importants quant au respect de la vie privée et des libertés individuelles[71] ».

Tandis que le conseil scientifique recommande une utilisation obligatoire de l'application « dans les zones placées en alerte maximale[72] », le comité de contrôle et de liaison Covid-19, qui associe la société civile et le Parlement, souligne que le taux

---

69. CCNE, « Réflexions et points d'alerte sur les enjeux d'éthique du numérique en situation de crise sanitaire aiguë », 7 avril 2020.
70. Disponible sur risques-tracage.fr.
71. Disponible sur attention-stopcovid.fr.
72. Avis du 20 octobre 2020.

de téléchargement de TousAntiCovid « [induit] une inégalité dans la répartition des populations testées[73] », qui creuse encore le fossé entre les surconnectés et les laissés-pour-compte de la fracture numérique[74]. Dès lors, cette addition de griefs ne doit pas être analysée comme une voie médiane, mais comme la porte d'entrée vers une économie de la surveillance toujours plus prédatrice de la vie privée. Et tandis que chercheurs et avocats alertent encore contre le risque d'« applications parasites » sur le modèle de Cambridge Analytica, qui « croiseraient des données anonymisées de StopCovid avec d'autres bases de données nominatives[75] », trente-sept start-up françaises se portent volontaires pour déployer autant d'outils supplétifs, en s'appuyant notamment sur le Health Data Hub[76]. Lancé début 2020 par le gouvernement, ce

---

73. Avis du 19 octobre 2020.

74. À ce sujet, lire aussi les réflexions de l'éthicien italien Luciano Floridi : « Mind the app - considerations on the ethical risks of COVID-19 apps », *Philosophy and Technology*, 33(2), 2020.

75. Antonio Casilli, Paul-Olivier Dehaye et Jean-Baptiste Soufron, « StopCovid est un projet désastreux piloté par des apprentis sorciers », *Le Monde*, 25 avril 2020.

76. Baptisé CoData, cet attelage d'entreprises propose « un appui opérationnel et bénévole pour développer des solutions concrètes utilisant la data et l'IA afin d'aider les acteurs qui luttent chaque jour contre l'épidémie du Covid-19 et ses impacts ».

méga-fichier de données de santé est hébergé chez un géant américain, Microsoft, ce qui lui a valu d'être attaqué – en vain – devant le Conseil d'État par plusieurs associations qui craignaient de voir le précieux magot s'échapper de l'autre côté de l'Atlantique. L'objectif est le suivant : puisqu'il est trop tard pour faire émerger un Google ou un Facebook européen, les autorités voudraient préempter le marché très prometteur de la santé. Chez les pilotes du Health Data Hub, on se veut rassurant : « Tous les projets voulant s'appuyer sur [celui-ci] devront être validés par son comité scientifique et éthique indépendant, puis recevoir un avis favorable de la CNIL. » Pas question donc de laisser la première officine venue se saisir de l'opportunité sanitaire pour capitaliser dessus. Si les données de StopCovid ne sont pas transmises, il en va différemment pour celles des fichiers Sidep – celui des tests –, Contact Covid – qui a pour mission « l'identification et l'orientation des personnes infectées » – et pour le registre des personnes vaccinées. Et si les informations, particulièrement sensibles, sont supprimées au bout de trois mois, elles abondent le Health Data Hub, qui ne cache pas ses ambitions commerciales. Interrogé par le sénateur de Haute-Garonne, Claude Raynal quelques semaines avant le premier confinement, le ministère de la Santé lui a répondu que « l'anonymisation complète n'[était] pas souhaitable dans le contexte, car elle empêcherait tout réel travail de recherche ou d'innovation[77] ».

---

[77]. Question écrite n° 14130 publiée au *Journal officiel* le 30 janvier 2020.

Contrôler les corps

Les nouvelles classes dangereuses ?

Puisque la technologie renforce les inégalités devant le virus, il convient de transcender le cadre momentané d'une simple application, quel que soit le nom dont elle est affublée, pour mesurer les déséquilibres profonds provoqués par la crise sanitaire. Récemment, l'Europe a beaucoup glosé sur le crédit social à la chinoise, ce bureaucratisme totalitaire dans lequel chaque citoyen, noté en fonction de ses actions au sein de la société, peut ou non accéder à certains services, souscrire un prêt ou réserver des billets d'avion. Mais le Covid-19 nous précipite-t-il dans une société organisée en scores de risque, dans laquelle nous devenons tous des auxiliaires de police au service d'un Sim City sécuritaire, dans lequel le maillage urbain autant que le tissu social sont parcourus de dispositifs de contrôle et de thermomètres invisibles ? Le microbiologiste Philippe Sansonetti, par exemple, plaide pour une participation des citoyens ordinaires – la fameuse « troisième ligne » louée par l'exécutif – à ce quadrillage distribué en réseau : « [Elle] devrait dès maintenant être mobilisée en préparation de la phase de déconfinement où des citoyens volontaires et formés pourraient prendre dans les immeubles, dans les quartiers, dans les zones pavillonnaires, dans les transports, des responsabilités organisationnelles du déconfinement que l'on ne pourra pas faire porter uniquement aux représentants de l'autorité sanitaire et de la police[1]. » En Corée du Sud, le gouvernement, qui fait la chasse aux comportements à risque, promet des bons d'achat d'une valeur de 100 000 wons, environ 75 euros, aux cent délateurs les plus actifs. « Le gouvernement est en train de fabriquer une société de *"Small Brothers"* ou les gens se surveillent les uns les autres, au risque de porter atteinte à leurs droits fondamentaux », s'inquiète un professeur de droit de l'université Qyung Hee de Séoul[2]. Vu d'ici, cette rétribution de la dénonciation paraît parfaitement

---

1. Philippe Sansonetti, « Sortie de confinement, ou la somme de tous les dangers », La Vie des Idées, 14 avril 2020.
2. « En Corée du Sud, le gouvernement encourage la délation », *Courrier International*, 6 janvier 2021.

dystopique, mais les grandes crises sanitaires sont de grands moments de fragilité.

Sera-t-on, à l'avenir, face à ce coronavirus ou à un autre, affectés d'un indice de contagiosité, comme d'autres d'une note de crédit ou d'un score de fragilité clinique[3] ? Les jeunes imprudents asymptomatiques qui se rassemblaient hier encore aux Buttes-Chaumont seront-ils surveillés par leurs aînés vulnérables ? Les salariés pourront-ils circuler en fonction de la nature de leur entreprise, tentée, malgré les garde-fous du Règlement européen sur la protection des données, de connaître leur état sérologique ? Celles et ceux qui habitent à plusieurs dans des appartements exigus – où les particules virales se propagent plus facilement – seront-ils serrés de plus près ? De fait, il n'est pas impossible que nous assistions à l'invention de nouvelles classes dangereuses, s'inscrivant dans une Histoire qu'on pensait soldée. Dans cette dystopie de forme familière, les plus précaires, ceux qui ont dû rester derrière la caisse d'un supermarché, dans l'habitacle d'un véhicule Uber, sur un chantier ou dans un entrepôt Amazon ont été, dès le début de la pandémie, les victimes toutes désignées de cet ordre social covidé. Au contact immédiat du

---

[3]. Tel que décrit dans un document du ministère de la Santé daté du 17 mars 2020, intitulé « Enjeux éthiques de l'accès aux soins de réanimation et autres soins critiques (SC) en contexte de pandémie COVID-19 ».

virus, davantage susceptibles de tomber malades, ils ne sont pas seulement les plus exposés sur le plan sanitaire ; la tentation est grande pour le pouvoir de les observer de très près. « En partant du principe que les tests sont mécaniquement limités, on pourrait les allouer de manière intelligente, explique pragmatiquement le mathématicien Paul-Olivier Dehaye[4]. Un chauffeur VTC, par exemple, forcé de continuer à travailler pour gagner sa vie dans un espace confiné serait un candidat idéal. On pourrait ensuite retrouver tous ses clients et raffiner le modèle épidémiologique afin de mieux comprendre comment le virus se propage dans la phase pré-symptomatique. » S'il a de quoi effrayer, l'exemple n'est pas complètement farfelu : une étude du département des systèmes complexes de l'université de la Nouvelle-Angleterre (Australie) a montré que les taxis d'Afrique de l'Ouest étaient des vecteurs d'infection d'Ebola[5]. Or, si en suivant ces individus à la trace, on découvre que les travailleurs des plateformes transportent le Covid-19 en même temps que les repas qu'ils livrent, ils deviendront une catégorie de population stigmatisée. Et les coursiers Deliveroo, déjà géolocalisés en permanence, de devenir la version moderne des *untori*, accusés de

---

4. Entretien avec l'auteur.
5. Yaneer Bar-Yam, « How community response stopped Ebola », *New England Complex Systems Institute,* 11 juillet 2016.

propager intentionnellement la peste dans l'Italie du XVIIe siècle[6]. Pour eux, c'est la double peine : obligés de sillonner l'espace public pour continuer d'approvisionner des télétravailleurs confinés chez eux, ils pourraient bien être demain, comme beaucoup d'autres, assignés à résidence. La crainte est d'autant plus fondée qu'historiquement, la filature des classes laborieuses est considérée comme un impératif de sécurité publique depuis le XVIIIe siècle ; quand le livret ouvrier – indispensable pour se déplacer, avec l'accord de l'employeur – est mis en place en France en 1781, c'est sous la pression conjointe des corporations et des services de police.

Dans le contexte pandémique, les pauvres, matériellement incapables de se protéger convenablement, sont donc les plus exposés au virus de la surveillance. Deux médecins exerçant dans les quartiers populaires de Roubaix et Tourcoing l'expliquent d'ailleurs très bien : « Des familles entières se sont contaminées à partir d'un ou plusieurs membres de leur famille qui travaillent. Ce sont des femmes de ménage, des ouvriers... Les gens qu'on soigne ont des petits boulots ; c'est le bas de l'échelle professionnelle. Ils prennent les transports en commun, ne

---

[6]. Immortalisés dans *Les Fiancés (I promessi sposi)*, monument du roman historique italien, publié par Alessandro Manzoni en 1827.

bossent pas dans les bureaux où toutes les mesures sont en place, le CHSCT, les masques, les cloisons en plexiglas... Eux, ils sortent les poubelles, ils sont dans la remise, ils enlèvent le masque autour de la machine à café. Ils se sont contaminés là et ont ramené le virus chez eux[7]. » Pour comprendre comment l'état d'urgence technologique met ces populations en danger, on peut alors former, avant de le détailler, le syllogisme suivant : la surveillance sanitaire a pour fonction de s'intéresser aux malades ; l'impératif de maintien de l'activité économique requiert des travailleurs qui restent actifs et donc s'exposent au virus ; par conséquent, la surveillance sanitaire s'intéresse aux travailleurs. Mais avant de s'y pencher, faisons un détour par le Moyen Âge, qui l'a vue naître dans sa forme contemporaine. À partir de la seconde moitié du XIVe siècle, la peste bubonique, plus connue sous le nom de peste noire, déferle sur l'Europe, suivant les routes commerciales qui courent de l'Europe Centrale jusqu'aux rivages de la Méditerranée. Pour citer l'historien Patrick Boucheron, on déduit bien plus cet événement massif qu'on ne le connaît, car « ce qui documente la peste en Europe, c'est le silence qu'elle produit

---

7. Florence Moreau, « Taux d'incidence records à Roubaix et Tourcoing : la parole à deux médecins de quartier », *La Voix du Nord*, 28 octobre 2020.

dans les archives[8] ». Dans ce récit lacunaire, où l'on raconte moins l'épidémie que la fuite qu'elle impose – le *Décaméron* de Boccace ne décrit pas le bacille, mais la manière d'y échapper –, les cités-États du nord de l'Italie, particulièrement touchées, car elles sont au centre du commerce maritime, vont inventer le contrôle coercitif des épidémies. Tel que l'explique la géographe Lucie Guimier, « en 1486, la République de Raguse se dote de *Provveditori e Sopraprovveditori alla sanità*, des magistrats de santé disposant de prérogatives étendues pour lutter contre la peste[9] ». Sur un îlot de sa lagune, la République de Venise crée le premier lazaret, un établissement destiné à accueillir les visiteurs placés en quarantaine, et les déplacements sont subordonnés à la possession de laissez-passer sanitaires, « qui garantissent que l'épidémie ne régnait pas au moment où le voyageur porteur du document a quitté sa ville d'origine[10] ». Signe du caractère profondément contemporain de ces mesures, celles-ci perdurent cinq siècles et demi plus tard. Quand Anne Hidalgo, la maire de Paris, souhaite expérimenter « au plus vite » la mise en

---

8. Patrick Boucheron, *Quand l'histoire fait date. 1347 : la peste noire*, disponible sur Arte et YouTube.
9. Lucie Guimier, « On doit les premiers systèmes de surveillance aux épidémies de peste noire », *L'Obs*, 30 mars 2020.
10. Patrice Bourdelais, « L'épidémie créatrice de frontières », *Les Cahiers du Centre de Recherches Historiques*, vol. 42, 2008.

place de « certificats d'immunité[11] », ou lorsque le Forum économique mondial finance le test d'un passeport sanitaire visant à relancer le trafic aérien et rouvrir les frontières[12], l'héritage vénitien semble indéniable. Outre les réserves de l'Organisation mondiale de la santé, qui rappelle la possibilité de réinfection des personnes testées positives[13], ces dispositifs tout droit sortis du Moyen Âge pestiféré seraient-ils un privilège d'ultra-riches à jet privé, ou l'*ausweis* d'un précariat mondialisé ? Dans la bande-annonce de *Songbird*, le prochain blockbuster produit par le réalisateur américain Michael Bay, qui décrit un monde post-apocalyptique ravagé par un virus mutant baptisé Covid-23, on peut voir un livreur à vélo, mis en joue par des soldats équipés de masques à gaz, hurler en levant son poignet cerclé d'un bracelet : « Je suis immunisé ! » Il peut donc circuler. Il doit donc circuler, membre actif d'un sous-prolétariat (théoriquement) immunisé, surveillé, muni de son livret ouvrier connecté, assigné à des tâches qui lui sont réservées.

---

11. Denis Cosnard, « Déconfinement à Paris : "dépistage massif" et "certificats d'immunité", Anne Hidalgo propose un plan à Matignon », *Le Monde*, 8 avril 2020.

12. Mattha Busby, « Digital "health passport" trials under way to aid reopening of borders », *The Guardian*, 17 octobre 2020.

13. « "Immunity passports" in the context of COVID-19 », communiqué de presse du 24 avril 2020.

Contrôler les corps

Cette filiation prouve qu'il ne faut pas envisager la surveillance sanitaire comme un simple suivi médical, mais aussi comme l'instrument d'un biopouvoir qui, de fait, fait rentrer les individus dans le rang. Dans ses cours sur les anormaux au Collège de France, dispensés au mitan des années 1970, Michel Foucault distinguait trois catégories d'« anormaux », que le pouvoir entend discipliner : les monstres, les incorrigibles et les onanistes[14]. La médiatisation du VIH il y a près de quarante ans offre un exemple frappant de cette violence, aussi bien physique que symbolique. Dans *Erotic Welfare*, un important ouvrage posthume paru en 1992, la philosophe américaine Linda Singer affirme que le virus du sida a fait émerger ce qu'elle nomme « une logique de contagion », c'est-à-dire un prétexte pour contrôler les corps – ici, la sexualité – au nom d'un impératif de santé publique[15]. « L'épidémie a offert une justification à l'État pour administrer le corps de tous types d'individus, qu'ils soient homosexuels, recrues militaires, femmes enceintes, prisonniers, candidats à la fonction publique, toxicomanes », écrit-elle. Pire, au lieu d'être décrite pour ce qu'elle est, c'est-à-dire une invasion de la vie privée, la publicité du statut

---

14. Michel Foucault, *Les Anormaux. Cours au Collège de France, 1974-1975*, EHESS/Gallimard/Seuil.
15. Linda Singer, *Erotic Welfare, Sexual Theory and Politics in the Age of Epidemic*, Routledge, 1992.

sérologique est présentée par les autorités comme un acte de bienveillance. Dans les années 1980, pour soumettre les individus récalcitrants (aux pratiques à risque), la moitié des États américains vont même – dans quelques rares cas – jusqu'à les placer en quarantaine[16]. Et dix ans plus tard, certaines voix aux États-Unis réclament encore la création d'un registre nominatif des personnes séropositives[17].

Sous le régime du Covid-19, il ne s'agit plus de traquer les personnes infectées par le sida, mais la « logique de contagion » décrite par Singer s'attaque désormais à d'autres catégories de population « à risque », en premier lieu les précaires pour qui le télétravail est impossible. En 1990, évoquant le VIH, le terrorisme ou les virus informatique, Jean Baudrillard expliquait « leur pouvoir viral sur l'imagination » : « Un seul acte terroriste oblige à reconsidérer toute la politique à la lumière de l'hypothèse terroriste ; la seule apparition, même statistiquement faible, du sida force à revoir tout le spectre des maladies à la lumière de l'hypothèse immunodéfective ; le moindre petit virus qui altère les

---

16. Ronald Bayer, « AIDS and the Limits of Control: Public Health Orders, Quarantine, and Recalcitrant Behavior », *American Journal of Public Health*, octobre 1993.

17. « HIV Surveillance and Name Reporting: A Public Health Case for Protecting Civil Liberties », rapport de l'American Civil Liberties Union (ACLU), octobre 1997.

mémoires du Pentagone ou qui submerge les réseaux de vœux de Noël suffit à déstabiliser potentiellement toutes les données des systèmes d'information[18]. » Prenons la liberté de compléter : un seul cas supplémentaire de coronavirus commande un examen complet de toute notion d'intimité.

Le travail sous surveillance

Pourrait-on trouver meilleur symbole de cette double peine infligée aux moins fortunés que celui de Facebook ? En mai 2020, son tout-puissant patron, Mark Zuckerberg, annonce son intention de faire de Facebook « l'entreprise la plus avancée au monde en matière de télétravail ». Et de pronostiquer que, dans un délai de cinq à dix ans, la moitié de ses 45 000 salariés pourraient bûcher à distance[19]. Alors que « Zuck » se prend pour Robert Noyce, le père fondateur et « maire » historico-symbolique de la Silicon Valley, inventeur du transistor, du microprocesseur et de l'*open space*, il ne dit rien des légions invisibles de modérateurs,

---

18. Jean Baudrillard, *La Transparence du mal. Essai sur les phénomènes extrêmes*, Galilée, 1990.
19. Rachel Lerman et Elisabeth Dwoskin, « Facebook will now let some employees work from anywhere, but their paychecks could get cut », *The Washington Post*, 21 mai 2020.

environ 35 000 personnes, employées par des sous-traitants américains, indiens ou irlandais, chargées de nettoyer quotidiennement les déchets flottant à la surface du premier réseau social de la planète. Pour ce précariat moderne, la présence physique ou rien. À Dublin, des centaines d'entre eux ont été sommés de revenir au bureau, malgré plusieurs cas déclarés de Covid-19. Alors qu'ils souffrent déjà de syndromes de stress post-traumatique, à force d'être confrontés à des images insoutenables et des propos haineux, ils doivent maintenant composer avec la peur de tomber malades. « Si je perdais mon mari, si quelque chose m'arrivait, qui s'occuperait de mon fils de 6 ans ? » se demande l'une des modératrices en fondant en larmes[20]. La mesure visant à instaurer le télétravail chez Facebook, réservée à sa main-d'œuvre privilégiée et assortie de réductions de salaire en fonction du choix géographique des travailleurs, laisse certes augurer un dumping social covidé pour les ingénieurs – très – bien rémunérés de la firme de Menlo Park. Quand on sait à quel point, en quinze ans, le petit monde des nouvelles technologies a rendu la baie de San Francisco invivable pour tous ceux qui n'évoluent pas dans le secteur, ne leur

---

20. David Gilbert, « Leaked Audio: Facebook Moderators Terrified to Return to Office During COVID Outbreak », Vice, 30 octobre 2020.

laissant d'autre choix que de déménager, d'aucuns pourront souligner qu'il s'agit d'un rééquilibrage karmique. Mais si les pauvres sont indiscutablement les premiers à faire les frais d'un taylorisme sanitaire qui impose une nouvelle organisation scientifique du travail[21], une fois ce mécanisme enclenché, il risque fort de contaminer l'ensemble du marché du travail. Avec la pandémie, des millions de salariés, désormais rompus aux codes de la visioconférence et des tâches « distancielles », exercent désormais depuis chez eux. Illusion de liberté absolue pour certains, summum de l'aliénation pour d'autres, le télétravail « est un mode de fonctionnement qui s'oppose à l'activité politique et sociale », comme le formule la sociologue Eva Illouz[22]. « Si la crise du sida a déjà rendu le contact sexuel dangereux, c'est ici la socialité dans son ensemble qui demande une vigilance permanente », poursuit-elle. De fait, le télétravail recompose tout à la fois nos comportements, le regard que nous portons sur les tâches que nous accomplissons, mais aussi – et surtout – nos relations hiérarchiques. D'une certaine façon, il marque la violation matérielle et symbolique du domicile.

---

21. Frederick Winslow Taylor, *The Principles of Scientific Management*, Harper & Brothers, 1911.

22. Eva Illouz, « Le télétravail est un mode de fonctionnement qui s'oppose à l'activité politique et sociale », *Libération*, 9 juin 2020.

Entre mon lit et mon bureau, la cloison étanche de l'intimité vole en éclats. Dans cette configuration, tous ceux qui peuvent télétravailler, c'est-à-dire les employés et cadres du tertiaire, sont particulièrement sujets à l'invasion de leur sanctuaire. Aux États-Unis, selon une étude du MIT, pas moins d'un tiers de la population active a basculé vers le travail à distance[23].

Parallèlement, les outils pour les surveiller ont connu un pic de popularité sans précédent. Au premier chef, les logiciels de *time tracking* qui, en analysant les mouvements de la souris et en effectuant à intervalles réguliers des captures d'écran de l'ordinateur, contrôlent l'assiduité du salarié épié. « C'est super stressant, tous les matins, on reçoit un rapport d'activité. J'arrive rarement à dépasser les 50 % de temps de travail effectif », souffle Marine, analyste en renseignement d'affaires, dans *Libération*[24]. Emprisonnés dans cet « hypertemps » dilaté, tel que le nomme le philosophe Pascal Chabot[25],

---

23. Erik Brynjolfsson, Adam Ozimek, Daniel Rock, Hong-Yi Tu Ye, John Horton et Garima Sharma, « COVID-19 and Remote Work: An Early Look at US Data », National Bureau of Economic Research, 6 avril 2020.

24. Philippine Kauffmann, « Télétravaillez, vous êtes fliqués », *Libération*, 2 juin 2020.

25. Pascal Chabot, *Avoir le temps. Essai de chronosophie*, Presses universitaires de France, 2021.

« synchronisés en permanence » et chronométrés dans toutes nos tâches, nous luttons à armes inégales. Le droit à la déconnexion, pourtant garanti par la loi depuis le 1er janvier 2017, est percuté de plein fouet par des acteurs nommés Hubstaff, Time Doctor, FlexiSPY, ActivTrak ou Teramind. Le premier, leader du marché, a ainsi vu ses essais – gratuits – augmenter de 200 % dès le mois de mars, avec l'annonce du confinement[26]. Jusqu'ici réservé à des officines peu connues du grand public, ce marché porteur a même attiré l'attention de Microsoft, qui a annoncé en octobre 2020 l'intégration d'un score d'efficacité dans sa suite logicielle. Devant un scandale naissant, le géant de l'informatique a momentanément reculé, mais la démocratisation de ces mouchards laisse augurer le pire : à force d'être pervasifs, ils deviendraient omniprésents, et donc invisibles[27]. Pour mieux comprendre ce retour de la pointeuse, on peut s'intéresser à une étude commandée par Hubstaff. Réalisée auprès de 400 entreprises américaines, celle-ci montre que près de la moitié d'entre elles (respectivement 44 et 46 %) attend du télétravail qu'il augmente les profits et la producti-

---

26. Kossi Adzo, « Our Trials are up on average by 200% since March 15 when many States issued Stay at Home Orders says Hubstaff's Co-founder, Dave Nevogt », Startup.info, 31 juillet 2020.

27. Jack Morse, « Microsoft waters down "productivity score" surveillance tool after backlash », Mashable, 1er décembre 2020.

vité[28]. Ainsi que le rappelle Edward P. Thompson, le grand historien de la classe ouvrière britannique, « avant l'avènement de la production de masse mécanisée, l'organisation du travail était caractérisée par l'irrégularité[29] ». Tout ce que fait craindre le Covid-19. On peut alors comparer le sort des prolétaires du XVIIIe siècle et celui des télétravailleurs du XXIe : et si leurs conditions matérielles d'existence ne sont pas les mêmes, la crise sanitaire revitalise un mode de contrôle des salariés né dans les usines britanniques lors de la révolution industrielle.

Plus intrusifs encore, certains employeurs déploient des *keyloggers*, capables d'enregistrer tout ce qu'un individu tape sur son clavier, ce qui marque un détournement flagrant de leur fonction initiale. Aux États-Unis, on utilise le terme de *mission creep* pour désigner tout glissement mortifère d'une finalité vers une autre. Utilisée pour la première fois en Somalie en 1993, lorsqu'une aide humanitaire de l'ONU s'est transformée en opération militaire américaine, puis en fiasco lors de la bataille de Mogadiscio, l'expression fonctionne ici en sens inverse : d'ordinaire réservés à la lutte antiterroriste (les services de renseignement français les

---

28. Dave Nevogt, « The Pandemic's Impact on Remote Work & Where We Go From Here », blog.hubstaff, 20 août 2020.

29. Edward P. Thompson, *Temps, discipline du travail et capitalisme industriel*, La Fabrique, 2004.

utilisent notamment contre des cibles islamistes), les *keyloggers* visent désormais un horodatage permanent de l'activité des travailleurs, au moment même où ceux-ci sont contraints de gérer leur vie personnelle et professionnelle derrière un écran. Devant la menace, la CNIL a publié une mise au point à destination des entreprises : « Si l'employeur peut contrôler l'activité de ses salariés, il ne peut les placer sous surveillance permanente. » Ainsi, les partages permanents d'écran, les *keyloggers* ou l'obligation d'activer sa caméra pendant le temps de travail sont considérés comme « disproportionnés » et passibles de sanctions[30].

Pour autant, l'imposition à bas bruit de cette surveillance bureautique ne se limite pas au télétravail. Avec l'impératif de maintien – ou de reprise – de l'activité économique, certaines entreprises, sur le modèle de Ferrari[31], conditionnent la présence sur site de leurs salariés à un traçage ubiquitaire et permanent. Chez le géant du conseil PricewaterhouseCoopers (PwC), afin de garantir « la sécurité et la productivité », chaque employé qui souhaite venir sur site – et possiblement échapper à une intrusion domiciliaire quotidienne – doit obligatoirement

---

30. *Les questions-réponses de la CNIL sur le télétravail*, 12 novembre 2020.
31. Voir « Il y a une application pour ça », p. 74.

installer Check In, une application qui permet de suivre leurs mouvements et de détecter les malades le cas échéant[32]. PwC, qui a également développé une balise miniature, calibrée pour les lieux où le smartphone n'est pas autorisé et pour les visiteurs, a d'abord testé sa solution dans ses bureaux new-yorkais, avant d'en faire une véritable opportunité de diversification économique : une soixantaine d'autres entreprises en sont désormais équipées. Poursuivi en justice outre-Atlantique pour avoir insuffisamment protégé ses travailleurs du Covid-19 tandis que Jeff Bezos consolidait sa place d'homme le plus riche de la planète[33], Amazon a également développé un dispositif maison pour ordonner sa main-d'œuvre dans l'espace. Distance Assistant, qui se présente sous la forme d'un écran de télévision agrémenté de capteurs télémétriques et d'une caméra intelligente, mesure ainsi la distance entre les salariés dans les entrepôts[34]. S'ils se rapprochent trop les uns des autres, un cercle rouge apparaît sur le moniteur. D'abord testé dans quelques entrepôts, le prototype a ensuite été déployé par centaines.

---

32. « PwC Launches Solutions to Address the Safety and Productivity of the Remote Workforce », 22 avril 2020.

33. Sa fortune a augmenté de 70 milliards de dollars entre mars et novembre 2020.

34. « Amazon introduces "Distance Assistant" », aboutamazon, 16 juin 2020.

Contrôler les corps

Outre les applications de *contact tracing*, dont ces dispositifs sont cousins, certains employeurs préfèrent recourir à de véritables bracelets électroniques. Aux États-Unis toujours, Radiant était jusqu'à présent une société spécialisée dans le traçage logistique, utilisant le GPS et le Bluetooth pour localiser des lits d'hôpital ou des robots sur une chaîne de montage. Désormais, Radiant suit des personnes et vend des gourmettes espionnes à des constructeurs automobiles, qui peuvent ainsi savoir si leurs équipes respectent la distanciation sociale[35]. Si un signal fort entre deux salariés est détecté pendant plus de quinze minutes, l'interaction est stockée sur le cloud, prête à l'usage en cas de test positif. En quelques mois, Radiant a écoulé plus de 10 000 unités. Et tous les secteurs sont égaux devant ce pistage systématisé. La NFL, la ligue de football américain, a acheté 25 000 traqueurs de la taille d'un paquet de chewing-gums à Kinexon, une start-up munichoise. Joueurs, entraîneurs et staffs techniques doivent tous le porter au poignet ou dans la poche[36]. Estimote, une entreprise américaine, produit des milliers d'objets connectés en Bluetooth, *wearables* aux couleurs pastel et au design impec-

---

35. Dave Gershgorn, « Welcome Back to the Office. Please Wear This Tracking Device », One Zero, 12 novembre 2020.
36. *Ibid.*

cable, qui permettent aux employeurs de suivre eux-mêmes leurs troupes infectées[37]. Quant au personnel hospitalier, il trimbale un disque plus petit qu'une pièce de un dollar autour du cou, fourni par une autre société, AiRISTA Flow, qui vend sa technologic de localisation à des institutions psychiatriques depuis une dizaine d'années, pour empêcher les patients de s'enfuir[38]. Banalisées par l'épisode pandémique, ces technologies sont d'autant plus redoutables qu'elles étaient déjà expérimentées avant l'irruption du Covid-19, au nom de la sociométrie, cette discipline qui entend étudier les relations interpersonnelles au sein d'un groupe et les cartographier pour réorganiser le travail. On pense ici à Humanyze, cette création du MIT que j'évoquais dans les premières lignes d'*À la trace* et qui, portée en sautoir, écoute les salariés de la NASA ou de Bank of America et épouse leurs mouvements pour optimiser leurs performances. On pourrait aussi convoquer Emotiv – les marchands de surveillance en milieu professionnel affichent toujours des raisons sociales bienveillantes –, qui commercialise des écouteurs capables, paraît-il, d'enregistrer les ondes cérébrales, révélant du stress

---

37. Darrell Etherington, « Estimote launches wearables for workplace-level contact tracing for COVID-19 », Tech Crunch, 2 avril 2020.

38. « AiRISTA Flow's Operation Continuity Plan During Coronavirus COVID-19 », 24 mars 2020.

ou de la fatigue, afin de mieux organiser le travail. Dans un cas comme dans l'autre, et c'est encore plus vrai en temps de coronavirus, cette intrusion s'opère au nom du bien-être.

Vers une économie de la distanciation sociale

À ce stade du livre, vous devez commencer à sentir le danger normalisateur de l'état d'urgence technologique, qui envahit l'espace public urbain, recompose le monde du travail et bouleverse la sphère de l'intimité au nom de la surveillance sanitaire. Pour penser une critique opérante – qui reconnaît le risque du virus, mais s'oblige à envisager ses effets secondaires sur le corps social –, il conviendrait alors de trouver le dénominateur commun entre ces différents périls. L'échelle temporelle est à cet égard un instrument précieux : nos objets d'étude, au service d'un discours politique, visent un seul et même objectif, celui d'une sortie de crise. C'est donc ici qu'il faut poster notre radar, dans ce moment qui sépare le dedans du dehors, l'immobilisation de la circulation. Nous avons déjà vu que la pandémie révélait des dispositifs jusqu'ici largement cachés. Quand la vie est suspendue, ce qui obéissait jusqu'alors au régime de la furtivité devient tout à coup visible à l'œil nu, comme si l'urgence avait cette curieuse vertu de ralentir le temps. Incidemment, l'idée même du « retour à la normale » suppose une accélération, aussi progressive soit-elle. Le monde reprend sa marche, et c'est cette montée en régime qu'il faut alors observer. En un mot, épousons le rythme. Puisqu'il s'agit de rendre à la population tout à la fois sa liberté et ses obligations, notamment de production, le pouvoir cultive ici le seul indice qui permette l'adéquation entre l'affranchissement et la contrainte : une obsession de l'espace mesuré entre chacun de nous. Au-delà du sens commun attaché à ce que nous avons collectivement appris à nommer gestes barrières, se met déjà en place une véritable économie de la distanciation sociale. Un bon corps, un corps obéissant, qu'il soit sain ou malade, est un corps qui se tient suffisamment loin des autres. Il ne s'agit plus de « faire corps », seulement d'être corps. À vrai dire, c'est dans cet interstice humain qu'on a pu déceler les premiers glissements normatifs, les plus évidents, car les plus quotidiens : la fin des poignées de main, de la bise, des étreintes, et la suspicion envers toute forme de rassemblement collectif, qu'il s'agisse d'une rave party ou d'une manifestation.

On ne peut comprendre cette économie de la distanciation sans poser son cadre, c'est-à-dire sans s'attarder sur la nature des lieux où elle se déploie. J'ai déjà cité le fameux « Post-scriptum » de Gilles Deleuze, mais permettez-moi ici une précision : quand il évoque le glissement des sociétés disciplinaires, celles décortiquées par Foucault, vers des sociétés de contrôle, il n'évoque pas seulement le regroupement en un seul point de « tous les milieux d'enfermement, prison, hôpital, usine, école, famille » ; il ajoute que « [ce] ne sont plus des milieux analogiques distincts qui convergent vers un propriétaire, État ou puissance privée, mais les figures chiffrées, déformables et transformables, d'une même entreprise qui n'a plus que des gestionnaires[39] ». En clair, elles sont le dernier arrêt sur l'autoroute de la déréliction. Aujourd'hui, quiconque entend l'expression « société de contrôle » se figure un paysage dystopique, un environnement clinique et tristement familier, peuplé de caméras et de capteurs en tout genre, administré par des Robocop peu enclins au dialogue. Mais en 1990, quand Deleuze pose ce diagnostic, la technologie n'est pas encore, pas à ce point en tout cas, un mode de gouvernement. Trente ans plus tard, elle est un outil de gestion par défaut, dont l'incantation permet d'organiser l'activité humaine.

    L'institution scolaire, peu évoquée jusqu'ici, mérite qu'on s'y arrête pour deux raisons. La première tient à sa place dans l'ordonnancement des sociétés de

---

39. Gilles Deleuze, « Post-scriptum sur les sociétés de contrôle », *op. cit.*

contrôle : c'est un lieu de construction et donc de conditionnement[40]. La seconde est liée à sa nature même : comme toutes les autres « institutions en crise », pour reprendre là encore l'expression de Deleuze, c'est un laboratoire de la surveillance. Aux États-Unis, plusieurs universités, du Michigan au Missouri, ont obligé leurs étudiants à installer une application afin de pouvoir suivre leurs mouvements sur le campus. Quand un élève pénètre dans une classe, son téléphone envoie un signal à une borne située dans la salle, et le réseau wi-fi est mis à contribution pour pister cette foule, particulièrement les jeunes athlètes boursiers, essentiellement noirs, recrutés avec la consigne claire de prendre soin de leur santé[41]. Comme dans l'environnement professionnel, la frontière entre la sphère publique et la vie privée se fond dans un continuum simili-carcéral, à l'intérieur duquel le numérique est un pis-aller : plutôt que d'offrir aux jeunes des conditions – d'enseignement, d'entraînement – compatibles avec le virus, les facultés préfèrent les tracer tout en maximisant mécaniquement leur risque d'infection. Dans l'endogamie et la promiscuité des fraternités

---

40. Évoquant le contrôle continu qui remplace l'examen, Deleuze, encore lui, écrivait qu'il s'agissait du « moyen le plus sûr de livrer l'école à l'entreprise ».

41. Zeynep Tufekci, « The Pandemic Is No Excuse to Surveil Students », *The Atlantic*, 4 septembre 2020.

et autres sororités, le *New York Times* recensait en novembre pas moins de 320 000 cas sur plus de 1 700 sites[42]. À elles seules, les universités de Floride et de Clemson (en Caroline du Sud) recensent plus de 5 000 cas chacune. Mais ce n'est pas tout : certains établissements ont aussi fait l'acquisition de caméras thermiques[43]. À 7 000 euros pièce, elles sont – paraît-il – capables de prendre rapidement la température des élèves lorsqu'ils arrivent à l'école. Hikvision, l'entreprise chinoise qui fournit ces thermomètres dernier cri, n'a pas hésité à réorienter son discours marketing pour s'adresser spécifiquement au corps enseignant, suggérant d'installer sa technologie à l'entrée des campus, des salles de classe et des dortoirs[44].

Cet exemple scolaire permet de toucher du doigt deux aspects cruciaux de l'économie de la distanciation sociale : l'illusion de sécurité et le détournement des buts initiaux, la fameuse *mission creep*. Séduits par les brochures commerciales vantant les mérites des caméras thermiques, présentées là aussi comme un moyen technique au service d'une reprise de l'activité

---

[42]. « Tracking the Coronavirus at U.S. Colleges and Universities », *The New York Times*, 19 novembre 2020.

[43]. Colin Lecher, « Schools Are Buying Up Surveillance Technology to Fight COVID-19 », The Markup, 8 septembre 2020.

[44]. « Hikvision Temperature Screening Solution for Schools », documentation commerciale.

humaine, commerces, entreprises et collectivités se sont ruées sur ces objets providentiels. Des sociétés à patronyme de start-up inoffensive, comme Feevr, ont ainsi écoulé plusieurs milliers d'unités en quelques semaines outre-Atlantique[45]. Pourtant, comme l'ont montré plusieurs études sérieuses, ces détecteurs de fièvre ne sont pas seulement perfectibles et incapables de repérer les patients asymptomatiques : ils sont notoirement mensongers. Ainsi, plusieurs d'entre eux donnent toujours la même température, quand bien même le visage présenté est imprimé sur une feuille de papier[46]. La question du détournement ensuite. Hikvision, le fabricant chinois, n'est pas un parfait inconnu. Bannie des marchés publics américains tout en inondant le pays, l'entreprise est l'un des leaders de la vidéosurveillance à finalité sécuritaire. Dans son pays, elle développe pour le compte des autorités un système de reconnaissance faciale ethnique capable d'identifier les Ouïghours, cette minorité musulmane du Xinjiang victime d'un véritable génocide culturel au cœur du territoire le plus fliqué de la planète[47]. En France, on la retrouve dans

---

45. April Glaser, « "Fever detection" cameras to fight coronavirus? Experts say they don't work », NBC News, 28 mars 2020.
46. Ethan Ace et John Honovich, « Beware Rigged China Fever Cameras », IPVM, 8 septembre 2020.
47. Charles Rollet, « Hikvision Markets Uyghur Ethnicity Analytics, Now Covers Up », IPVM, 11 novembre 2019.

le centre pénitentiaire de Lille-Annœullin, l'une des deux seules prisons hexagonales dotées d'un quartier de prise en charge de la radicalisation, ou au poitrail des forces de l'ordre en opération sur le terrain : les 10 400 caméras-piétons commandées en 2018 par le ministère de l'Intérieur sont fournies par Hikvision, puis modifiées par une PME angevine, Allwan, afin de pouvoir apposer un sceau *« made in France »*. Quant à Athena Security, un concurrent de taille moindre, il détectait un autre type de danger avant de s'intéresser au Covid-19 : les armes à feu. Sa « solution proactive », fondée sur l'intelligence artificielle, équipe déjà plusieurs forces de police américaines[48]. En France, la CNIL rappelle que le déploiement des caméras thermiques et intelligentes « comprend des risques importants pour les droits et les libertés des citoyens » et ajoute que « leur développement incontrôlé présente le risque de généraliser un sentiment de surveillance chez les citoyens, de créer un phénomène d'accoutumance et de banalisation de technologies intrusives, et d'engendrer une surveillance accrue, susceptible de porter atteinte au bon fonctionnement de notre société démocratique[49] ».

---

48. Joseph Cox, « Surveillance Company Says It's Deploying "Coronavirus-Detecting" Cameras in US », Vice, 17 mars 2020.

49. « Caméras dites "intelligentes" et caméras thermiques : les points de vigilance de la CNIL et les règles à respecter », CNIL, 17 juin 2020.

ÉTAT D'URGENCE TECHNOLOGIQUE

Non encadrés par le droit, ces gadgets ont pourtant déjà été utilisés sur le territoire national. Ainsi, au printemps 2020, le maire de Lisses, petite commune de l'Essonne, a installé une caméra thermique afin de mesurer la température de ses employés municipaux. La Ligue des droits de l'homme a déposé un référé-liberté, et le tribunal administratif de Versailles a validé l'utilisation du dispositif, ouvrant une brèche dangereuse que pourraient exploiter d'autres édiles[50].

Sans surprise, sous ce régime covidé, les technologies de contrôle se mettent au service d'un espace urbain sans angles morts. Celui-ci réclame d'autant plus d'attention que les villes, métropoles ou sous-préfectures ont largement embrassé la vidéosurveillance « traditionnelle » depuis une quinzaine d'années, sans jamais s'intéresser à ses véritables effets. Le fantasme de protection est donc une mèche lente. Les caméras sont très révélatrices de cette fuite en avant : à Nice, leur nombre a bondi de 1 400 % en moins de quinze ans[51]. Parallèlement, comme le montre une simple consultation des statistiques publiques, elles n'ont pas fait baisser la délinquance, argument principal de leur déploiement, puisque le nombre de coups et blessures a augmenté de 13 %

---

50. Ordonnance du 22 mai 2020.
51. Selon les chiffres transmis par la ville. Elles sont passées de 220 en 2007 à 3300 à l'été 2020.

entre 2012 et 2018[52]. Signe de ce flou généralisé, les autorités ne tiennent aucune comptabilité précise du nombre de caméras positionnées dans l'espace public hexagonal, rendant impossible toute évaluation sérieuse[53]. À Nice, « les frères Kouachi n'auraient pas passé trois carrefours », avait fanfaronné le maire Christian Estrosi au lendemain des attentats parisiens du 7 janvier 2015. C'était un an et demi avant que la promenade des Anglais ne soit endeuillée par l'attaque au camion-bélier de Mohamed Lahouaiej-Bouhlel, preuve tragique de ce discours vide. « Après avoir vendu des caméras pendant dix ans, les industriels font désormais pression pour les automatiser et écouler leurs nouveaux logiciels », se lamentait un fonctionnaire désabusé de la CNIL avant la pandémie[54]. À la faveur de celle-ci, le lien entre élus et entreprises se resserre encore, ouvrant la voie à des tests grandeur nature qui agissent comme un prélude à une banalisation. À Cannes, la municipalité s'est ainsi associée à une start-up française spécialisée dans l'intelligence artificielle,

---

52. Ligue des droits de l'homme, « L'impact de la vidéosurveillance sur les crimes et délits de la ville de Nice », 8 décembre 2019.

53. Laurent Mucchielli, *Vous êtes filmés ! Enquête sur le bluff de la vidéosurveillance*, Armand Colin, 2018.

54. Olivier Tesquet, « "Safe City" : comment les villes s'équipent pour mieux nous surveiller », *Télérama*, 11 décembre 2019.

Datakalab, afin de transformer la ville en laboratoire de recherche et développement de la *safe city*. Épaulé par un logiciel de détection niché dans des caméras miniatures, ce binôme public-privé a déterminé que 74 % des habitants respectaient le port du masque sur les marchés de la ville, avant d'envisager un déploiement dans les bus de la cité littorale[55]. Dans un communiqué, le maire, David Lisnard, explique qu'il a « souhaité l'expérimentation de la technologie innovante de Datakalab afin de permettre d'évaluer 15 jours avant la sortie du confinement le port du masque par nos habitants comme complément aux gestes barrière indispensables[56] ». Une fois de plus, un outil propriétaire et discrétionnaire vient conditionner une politique publique. Cofondé par Franck Tapiro, l'ex-conseiller en communication de Nicolas Sarkozy, Datakalab s'est également frayé un chemin jusqu'à Paris, puisque la RATP et la région Île-de-France ont choisi d'essayer pour trois mois la solution de la société dans les tunnels de la station Châtelet-Les Halles, nœud du réseau francilien[57].

---

55. « Grâce à une technologie française, la mairie de Cannes détecte les masques dans l'espace public », *Nice Matin*, 28 avril 2020.

56. Communiqué du 26 avril 2020.

57. Anne-Sophie Lechevallier, « Détecter le port du masque dans le métro : l'expérimentation de la RATP », *Paris Match*, 6 mai 2020.

Devant l'impossibilité du recueil clair du consentement – les passants devaient faire non de la tête pour signifier leur refus de participer –, la CNIL a mis un coup d'arrêt à ces aventures dès le mois de juin[58].

Ailleurs sur le territoire, d'autres entreprises développent d'autres accessoires, qui servent moins à contrer l'épidémie qu'à s'appuyer sur elle pour pénétrer et remporter de nouveaux marchés. Aux Pays-Bas, les caméras intelligentes de Mobycon promettent « livraison rapide » et « 99 % de précision » pour « être attentif les uns envers les autres ». Chez nous, Outsight, après avoir développé un laser destiné à aider les véhicules autonomes à détecter les obstacles, veut maintenant déployer sa technologie pour faire respecter la distanciation sociale grâce à un « suivi permanent » en temps réel. Après avoir levé près de 20 millions d'euros fin 2019, Outsight équipe déjà l'aéroport Roissy-Charles-de-Gaulle avec sa « caméra 3D sémantique[59] ». Bientôt dans une gare près de chez vous ? Mentionnons également le partenariat entre la filiale française de Konica-Minolta et la start-up messine Two-I, spécialisée dans la détection des émotions, qu'elle voudrait imposer dans le

---

58. Elsa Trujillo, « Trop intrusives, les caméras de détection de masques désactivées à Paris et à Cannes », BFMTV, 22 juin 2020.
59. Greg Nichols, « As lockdowns ease, a new surveillance reality awaits », ZDNet, 20 mai 2020.

tramway niçois ou les stades de foot. Ensemble, les deux acteurs ont mis au point une « station mobile de vidéosurveillance thermique[60] ». Devant cette opération de blanchiment maquillée en grande braderie, même l'Association nationale de la vidéoprotection (AN2V), le principal lobby du secteur, a temporisé, insistant sur le manque de fiabilité de ces remèdes charlatanesques[61]. Néanmoins, sentant l'opportunité, l'AN2V a enjoint ses membres à se tenir « prêts pour tous les événements futurs engendrant des états de sidération, comme l'ont été les attentats de 2015 ou un Covid-20[62] ». Assumée, revendiquée, la stratégie du choc tient ici lieu de modèle économique.

Cette traque systématique du contact humain obéit à un impératif, mais camoufle ses véritables intentions : alors que la distance a toujours été perçue comme une ennemie du marché au motif qu'elle le ralentit, elle devient ici le prérequis de son fonctionnement optimal. « La crise du coronavirus pourrait constituer une répétition générale qui préfigure la dissolution des derniers foyers de résistance au capitalisme numérique et à l'avènement d'une société

---

60. « Coronavirus : l'agence bretonne de Konica-Minolta et le messin Two-I innovent avec un détecteur de température », *Journal des entreprises*, 15 mai 2020.
61. Clément Le Foll et Clément Pouré, « Vidéosurveillance et coronavirus : chaud dedans ! », *Les Jours*, 21 mai 2020.
62. *Ibid.*

sans contact », écrit par exemple Serge Halimi, le directeur du *Monde diplomatique*[63]. Société sans contact, donc, qui pourrait intuitivement s'opposer à « l'économie sans friction » rêvée par Bill Gates au mitan des années 1990, mais la parachève en réalité[64]. À New York, à travers sa fondation, le fondateur de Microsoft trouve d'ailleurs un terrain de jeu à sa mesure. Le gouverneur de l'État, Andrew Cuomo, loue son caractère « visionnaire » et estime que « la pandémie a créé un moment historique pour mettre en œuvre ses idées », à commencer par la dématérialisation radicale de l'enseignement à l'issue de la crise sanitaire[65]. Dans la Grosse Pomme, l'humain est perçu comme un virus, plus dangereux que des machines, qui sont, elles, immunisées. « C'est un futur dans lequel chacun de nos mouvements, de nos mots, chacune de nos relations est traçable et exploitable au nom d'une collaboration sans précédent entre le gouvernement et les géants du numérique », fulmine l'essayiste Naomi Klein, qui a baptisé ce plan *« Screen New Deal »*, contrepoint dystopique de son *« Green New Deal »* en faveur d'une poli-

---

63. Serge Halimi, « Dès maintenant ! », *Le Monde diplomatique*, avril 2020.
64. Bill Gates, *The Road Ahead*, Viking Press, 1995.
65. Valerie Strauss, « Cuomo questions why school buildings still exist – and says New York will work with Bill Gates to "reimagine education" », *The Washington Post*, 6 mai 2020.

tique environnementale ambitieuse[66]. Déjà présent dans le fond de l'air avant la pandémie, cet horizon se rapproche à mesure qu'un futur interconnecté retranche les corps de l'équation. Pour concevoir la ville de demain, Andrew Cuomo s'appuie également sur Eric Schmidt. L'ancien patron de Google, proche du camp Biden, a piloté entre 2016 et 2020 le Defense Innovation Board (DIB), un comité du département de la Défense chargé d'assurer la liaison entre le Pentagone et la Silicon Valley, et préside la Commission nationale de sécurité sur l'intelligence artificielle (NSCAI), qui conseille le Congrès et oriente la politique technologique des États-Unis. Dans un éditorial pour le *Wall Street Journal*, Eric Schmidt considérait presque le coronavirus comme un évènement providentiel : « Si nous devons construire une économie fondée sur la distance, nous avons besoin d'une population complètement connectée et d'une infrastructure ultrarapide[67]. » Son modèle ? La Chine. Dans une présentation déclassifiée de la NSCAI, l'homme d'affaires déplore l'avance technologique du grand rival dans des champs aussi variés que « les véhicules autonomes », « les villes intelligentes », « les services de transport » ou « les

---

66. Naomi Klein, « Screen New Deal », The Intercept, 8 mai 2020.
67. Eric Schmidt, « A Real Digital Infrastructure at Last », *The Wall Street Journal*, 27 mars 2020.

échanges dématérialisés[68] ». Dans une autre diapositive, le discours est limpide : « La surveillance est le meilleur client pour l'intelligence artificielle. » De quoi matérialiser les prédictions de Jean-François Lyotard, le philosophe du postmodernisme qui, en 1981, pensait que la technologie sauverait le capitalisme de sa propre crise en « achevant l'informatisation de la société[69] ».

---

68. NSCAI Presentation, « Chinese Tech Landscape Overview », mai 2019 (disponible sur le site de l'Electronic Privacy Information Center).

69. Jean-François Lyotard, « Règles et paradoxes et appendice svelte. » *Babylone*, 1, Union Générale d'Éditions, coll. «10/18,» hiver 1982-83.

Conclusion :
Quand la mer se sera retirée

Comme d'autres épisodes pandémiques, le Covid-19 finira par refluer. Viendra un moment – bien malin celui qui saura prédire quand – où le virus se conjuguera au passé, battu en brèche par les vaccins, l'immunité ou notre capacité collective de résilience. À ce moment-là, comparable à celui qui suit un tsunami, quel paysage politique contemplerons-nous ? Nos valeurs tiendront-elles encore debout ? Des normes encore tenues pour acquises hier seront-elles dévastées ? La société fera-t-elle encore corps ? Surtout, que restera-t-il des eaux puissantes qui nous auront encerclés des mois durant ? Nous l'avons vu, l'économie de la surveillance a subi en quelques mois une puissante accélération, qui a renforcé son influence dans l'exercice contemporain du pouvoir. Puisqu'il précédait le Covid-19 et lui survivra, le constat que je dressais dans *À la trace* nécessite qu'on s'y intéresse d'encore plus près. Mais l'état d'urgence technologique possède une propriété dangereuse, qui rend matériellement impossible le *retour à la normale* tant convoité : en vertu d'un effet cliquet, on peut déjà pronostiquer que certains des dispositifs de contrôle déployés dans un contexte sanitaire exceptionnel vont perdurer. Et, ce faisant, se banaliser. À Singapour, en Israël, au Royaume-Uni ou chez nous, ils ont déjà commencé à prendre leurs aises. Digérés par la machine bureaucratique ou détournés à des fins policières. Qu'il s'agisse du sulfureux Palantir pénétrant le secteur de la santé ou d'applications covidées parties pour durer. En d'autres termes, il ne faut pas attendre de cette dynamique imprévisible qu'elle soit suivie d'un ralentissement, encore moins d'un arrêt complet. Le risque est d'autant plus grand que nos démocraties occidentales sont exponentiellement menacées par l'illibéralisme et l'extrême droite qui, si elle devait accéder aux plus hautes responsabilités, aurait à sa disposition de redoutables armes de contrôle social. Le jeu en vaut-il la chandelle ?

Pour mesurer les effets et l'importance de l'épidémie sur l'histoire récente de la surveillance, il convient de changer de lunettes. Ne plus seulement regarder celle-ci comme un péril sommairement totalitaire, mais comme un *pharmakon* – poison et remède – qui pénètre l'espace public, envahit nos bureaux, s'infiltre dans nos salons et rend les gouvernements toxicomanes. Ici le bon sens commande un certain maximalisme, afin d'envisager tous les scénarios possibles. « L'utopie, ça réduit à la cuisson, c'est pourquoi il en faut énormément au départ », écrivait Gébé dans *L'An 01*, sa bande dessinée soixante-huitarde[1]. Et la dystopie ? Face à l'hypocrisie des gouvernants, qui accusent les sceptiques et les prudents de trop en faire alors qu'ils sont les premiers à se désintéresser de la légitimité des outils qu'ils déploient, il faut précisément en faire davantage afin de rappeler que la technocritique n'est pas synonyme d'une technophobie aveugle et grossière. La démarche pourrait sembler contre-intuitive quand l'air est déjà saturé d'anxiété, mais l'hypothèse du pire a ici des vertus prophylactiques, en ce sens qu'elle oblige à stimuler l'imagination. Qui, selon les mots du philosophe Günther Anders, peut « saisir infiniment plus de vérité que la perception », à condition d'être suffisamment entraînée[2]. Dans un entretien réalisé en 1977 avec le journaliste Mathias Greffrath, le même Anders expliquait la genèse de sa pensée technocritique, nourrie par le traumatisme des bombardements atomiques d'Hiroshima et de

---

1. Gébé, *L'An 01*, Éditions du Square, 1972.
2. Günther Anders, *Et si je suis désespéré que voulez-vous que je fasse ?*, Allia, 2001

Nagasaki[3]. Et prononçait ces quelques phrases, qui feraient de formidables dazibaos à placarder sur les murs de nos incertitudes : « On nous a traités de "semeurs de panique". C'est bien ce que nous cherchons à être. [...] La tâche morale la plus importante aujourd'hui consiste à faire comprendre aux hommes qu'ils doivent s'inquiéter et qu'ils doivent ouvertement proclamer leur peur légitime. [...] La plupart des gens ne sont pas en mesure de faire naître d'eux-mêmes cette peur qu'il est nécessaire d'avoir aujourd'hui. Nous devons par conséquent les aider[4]. » Et si on le prenait à la lettre ?

---

3. Que l'on pourrait résumer par cette devise d'Anders : « Inquiète ton voisin comme toi-même. »
4. *Ibid.*

Remerciements

À mon éditrice, Amélie Petit, dont il faut louer l'exigence, la bienveillance et la pâte feuilletée.

À Céline Jézéquel et Marie-Édith Chauveau, pour leurs yeux précieux et leur patience inextinguible.

À ma famille, toujours pas lassée de mes lubies chronophages.

À Guillaume, Lisa et Yves-Marie, mes meilleurs amis, que j'aime de tout mon cœur.

À Flam et Elliot, préposés aux éclaircies.

À Pauline, pour tous les samedis.

À Zoé, qui maîtrise mieux que personne l'art délicat de la maïeutique.

À Marguerite et Félix, esprits fins et délicats.

À Annabelle, et aux utopies.

Aux sous-bois inspirants du Médoc et au grand air, le plus vite possible.

À la mémoire de Solange, Robert, Thérèse et Georges.

Table

Introduction. La santé, première des libertés ?   9

Surveillance de masse, surveillance massifiée   19
Tracer, traquer   61
Contrôler les corps   105

Conclusion. Quand la mer se sera retirée   141
Remerciements   145

Faïza Zerouala, *Des voix derrière le voile.*
Götz Hamann, Khuê Pham, Heinrich Wefing, *The United States of Google.*
Camille Polloni, *La Lente Évasion. Alain, de la prison à la liberté* (en coédition avec Rue89).
Sophie Bouillon, *Elles. Les prostituées et nous.*
Troels Donnerborg et Jesper Gaarskjær, *L'homme qui se souvient de tout. Un voyage dans les coulisses de la mémoire.*
Gérard Haddad, *Dans la main droite de Dieu. Psychanalyse du fanatisme.*
Cristina Nehring, *L'Amour à l'américaine. Une nouvelle police des sentiments.*
Bénédicte Manier, *Made in India. Le laboratoire écologique de la planète.*
Galia Ackerman, *Traverser Tchernobyl.*
Collectif, *En compagnie des robots.*
Jérôme Blanchart, *Crimes du futur.*
Sébastien Martinez, *Une mémoire infaillible. Briller en société sans sortir son smartphone.*
Jan-Werner Müller, *Qu'est-ce que le populisme ? Définir enfin la menace.*
Gérard Haddad, *Le complexe de Caïn. Terrorisme, haine de l'autre et rivalité fraternelle.*
Mathilde Ramadier, *Bienvenue dans le nouveau monde. Comment j'ai survécu à la coolitude des startups.*

Collectif, *L'Âge de la régression. Pourquoi nous vivons un moment historique.*
Olivier Haralambon, *Le Coureur et son ombre.*
Lise Barnéoud, *Immunisés ? Un nouveau regard sur les vaccins.*
Ivan Krastev, *Le Destin de l'Europe. Une sensation de déjà vu.*
Cristina Nehring, *23 et demi. Les aventures d'une mère, de sa fille et d'un chromosome surnuméraire.*
David Wahl, *Le Sale Discours. Ou géographie des déchets pour distinguer au mieux ce qui est sale de ce qui ne l'est pas.*
David Rieff, *Éloge de l'oubli. La mémoire collective et ses pièges.*
Laureen Ortiz, *Porn Valley. Une saison dans l'industrie la plus décriée de Californie.*
Sébastien Martinez, *La mémoire est un jeu.*
Eva Illouz et Edgar Cabanas, *Happycratie. Comment l'industrie du bonheur a pris le contrôle de nos vies.*
Mathieu Burniat et Sébastien Martinez, *Une mémoire de roi.*
Gérard Haddad, *Ismaël et Isaac.*
Eva Illouz (sous la direction), *Les Marchandises émotionnelles. L'authenticité au temps du capitalisme.*
Perrine Hanrot, *Crier, parler, chanter. Mystères et pouvoirs de la voix.*
Zygmunt Bauman, *Retrotopia.*
Olivier Haralambon, *Mes coureurs imaginaires.*
Galia Ackerman, *Le Régiment Immortel. La guerre sacrée de Poutine.*
Joëlle Zask, *Quand la forêt brûle. Penser la nouvelle catastrophe écologique.*
Frédéric Joly, *La Langue confisquée. Lire Victor Klemperer aujourd'hui.*

Michael Walzer, *Manuel d'action politique*.
Samuel Challéat, *Sauver la nuit. Comment l'obscurité disparaît, ce que sa disparition fait au vivant, et comment la reconquérir*.
Olivier Tesquet, *À la trace. Enquête sur les nouveaux territoires de la surveillance*.
Philippe Garnier, *Mélancolie du pot de yaourt. Méditation sur les emballages*.
Ivan Krastev, *Est-ce déjà demain. Le monde paradoxal de l'après-Covid-19*.
Jan-Werner Müller, *La Peur ou la Liberté. Quelle politique face au populisme ?*
Joëlle Zask, *Zoocities. Des animaux sauvages dans la ville*.
Catherine Larrère et Raphaël Larrère, *Le Pire n'est pas certain. Essai sur l'aveuglement catastrophiste*.
Michel Agier, *Vivre avec des épouvantails. Le monde, les corps, la peur*.
Zygmunt Bauman, *Étrangers à nos portes. Pouvoir et exploitation de la panique morale*.
Collectif, *Pourquoi lire. 13 bonnes raisons (au moins)*.

Correction : Marie-Édith Chauveau
Composition : Céline Jézéquel

Achevé d'imprimer par Corlet, 14110 Condé-en-Normandie
N° d'imprimeur : 21010231 - Dépôt légal : janvier 2021 — *Imprimé en France*